Maurille Bonace CHOUAMOU

Encore 214 ans ... Et tout œil le verra

Maurille Bonace CHOUAMOU

Encore 214 ans ... Et tout œil le verra

Le Retour de Jésus-Christ à la lumière des Saintes Écritures ! Découvrez la vérité pour mieux avancer vers votre fin

Éditions Croix du Salut

Cover image: www.ingimage.com

Publisher:
Éditions Croix du Salut
is a trademark of
Dodo Books Indian Ocean Ltd. and OmniScriptum S.R.L publishing group

120 High Road, East Finchley, London, N2 9ED, United Kingdom
Str. Armeneasca 28/1, office 1, Chisinau MD-2012, Republic of Moldova, Europe
Managing Directors: Ieva Konstantinova, Victoria Ursu
info@omniscriptum.com

Printed at: see last page
ISBN: 978-620-8-86355-5

SOMMAIRE

PREFACE

YHWH appela CHOUAMOU ! C'était un sabbat, un Saint jour, le 03 février 2007 - L'Eternel permit que je me rapproche de lui dans le lieu Saint. Je me suis retrouvé au Pied du Mont Horeb et c'est là où ma vie a basculé du paganisme ténébreux au Christianisme. Deutéronome 4.10 « *Souviens-toi du jour où tu te présentas devant l'Éternel, ton Dieu, à Horeb, lorsque l'Éternel me dit: Assemble auprès de moi le peuple! Je veux leur faire entendre mes paroles, afin qu'ils apprennent à me craindre tout le temps qu'ils vivront sur la terre; et afin qu'ils les enseignent à leurs enfants. 4.11 Vous vous approchâtes et vous vous tîntes au pied de la montagne. La montagne était embrasée, et les flammes s'élevaient jusqu'au milieu du ciel. Il y avait des ténèbres, des nuées, de l'obscurité. 4.12 Et l'Éternel vous parla du milieu du feu; vous entendîtes le son des paroles, mais vous ne vîtes point de figure, vous n'entendîtes qu'une voix.* » Le Roi David n'a pas manqué de préciser que le Sinaï est dans le lieu Saint. *Psaumes 68.17 (68:18) « Les chars de l'Éternel se comptent par vingt mille, Par milliers et par milliers; Le Seigneur est au milieu d'eux, le Sinaï est dans le sanctuaire. »*

Il y a de quoi le rappeler car c'est de cette rencontre que naît la Vision dont je suis porteur. Je peux aujourd'hui et avec fierté élever le plus haut possible ma bannière de Serviteur de Jésus-Christ, car cet appel et les dons spirituels qui en découlent sont irrévocables. . J'ai donc été appelé à être Pasteur, Prédicateur et Docteur de la LOI. J'ai été mis à part pour la moisson de la fin des temps. Je rends inlassablement grâces à Dieu par Jésus-Christ mon sauveur, qui selon sa prescience avait déjà planifié toutes choses. Né le 13 Septembre 1969 à Bafang au Cameroun, dans une famille religieuse, j'ai été scolarisé et éduqué selon les coutumes et rites Bamilékés comme tous les enfants originaires de la Région l'Ouest-Cameroun. Pratiquant le culte des ancêtres et fréquentant aussi les églises en période de Noël comme l'exigeaient mes parents à qui j'ai été soumis toute mon enfance. Après mes Etudes d'ingénieur en 1996, je me suis lancé dans la vie active et j'ai eu ce privilège parmi les jeunes de ma génération d'être appelé au sacerdoce par le Dieu d'Israël, avec pour Vision *« d'être la lumière des nations et porter le salut jusqu'aux extrémités de la terre. »* C'est ainsi que guidé par l'Esprit de Dieu, j'ai été baptisé le 18 Mars 2007 dans les eaux du Wouri à Douala, par un Pasteur Missionnaire de l'église pentecôtiste dénommée ASSEMBLEE DE DIEU. Aussitôt baptisé, je suis entré en formation dans des Ecoles Bibliques interconfessionnelles de la place, et quatre ans durant j'ai été équipé et outillé par le Saint-Esprit pour la moisson. Durant cette période de formation j'ai aussitôt commencé à mettre en pratique les instructions du Seigneur Jésus-Christ concernant la Vision qui m'a été confiée. C'est ce que je m'empresse et m'attèle de faire tout le temps, car c'est ma raison d'être. En plus d'une décennie de Ministère, j'ai acquis de l'expérience aux pieds du Seigneur et je n'ai pas hésité à communiquer sur des termes chers au Christianisme. S'il a plu à l'Eternel en un temps comme celui que traverse le monde, que de vrais serviteurs parmi lesquels je suis le moindre, soient suscités, c'est pour recadrer les angles du Christianisme et sauver les prédestinés. La restauration du Christianisme est un impératif. Lorsque je passe au crible de la raison et à la lumière des Saintes Ecritures les dogmes séculaires – les doctrines de démons de notre époque, je comprends aisément pourquoi Jésus disait que large est le chemin qui mène à la perdition. Il y a au moins trente mille dénominations dans le monde qui revendiquent l'appartenance au Christ. *Mais est-ce que si le Christ revient là tout de suite, il va se reconnaître dans toutes ces dénominations ?* La réponse est un NON catégorique, vu les pratiques sordides et machiavéliques des aventuriers qui se sont accaparé de la chose divine. Satan a multiplié de manière exponentielle les mouvements d'erreur pour séduire autant des personnes que possible.

Si nous avons cru, c'est pour la vie éternelle que Jésus-Christ nous l'a offerte gracieusement. Si nous sommes meurtris tous les jours, persécutés par les sorciers, oppressés par des diffusions accentuées de Satan, c'est à cause de la Vérité à laquelle nous nous accrochons. Car il n'y a que la Vérité qui compte si l'on veut aller jusqu'au bout et voir la face de Dieu. Ce qui se passe dans le monde au sujet des églises dites *'chrétiennes'* est ahurissant et déconcertant. Il y a beaucoup à dire et écrire pour exhorter les prédestinés au sujet du Christianisme contrefait de Satan. Mais avant cela, je voudrais parler dans ce tout premier livre de *la seconde venue de Jésus-Christ* dont plusieurs faux prophètes ont fait mention par le passé, sans connaissance ni sagesse venant d'en haut. Certes de grands bouleversements surviennent autour de nous, le monde bouge et les scandales se multiplient, les mentalités changent négativement, la séduction toque à la porte des cœurs et la foi s'envole par la fenêtre. Et au vu de tout cela des faux prophètes, poussés par le désir ardent de se remplir les comptes en banque, annoncent le retour imminent ou immédiat de Jésus-Christ. En effet, tous sont à la recherche des membres et non des disciples pour Christ. Tous savent qu'ils sont des faux prophètes car il n'y a pas de sorcellerie inconsciente. *Mais est-il vraiment à la porte comme le prétendent ces gens marqués du fer rouge au front ?* Nous allons examiner les Saintes Ecritures pour en avoir le cœur net, car cette annonce concerne tout le monde.

BON A SAVOIR...

Pour commencer et ne pas surprendre le lecteur, je tiens à corriger certaines erreurs des érudits et théologiens au sujet du mot *'chrétien'*. La Bible nous ordonne dans *Romains 12.2 « Ne vous conformez pas au siècle présent, mais soyez transformés par le renouvellement de l'intelligence, afin que vous discerniez quelle est la volonté de Dieu, ce qui est bon, agréable et parfait. »* Mon intelligence étant renouvelée par le Saint-Esprit, je me réserve le devoir de ne plus accepter certains mots ou groupes de mots théologiens de la langue française. Des mots qui ne cadrent pas avec mon identité réelle de disciple du Christ. Raison pour laquelle dans ce livre vous verrez que j'utilise des mots nouveaux à la place d'autres. Je m'explique : chaque mot a une définition et engendre une *identité spirituelle*, du moment où un mot est utilisé à la place de l'autre, il y a confusion totale. C'est pour cela qu'au *lieu de 'Chrétien', un mot inventé par des théologiens mal affermis, qui n'a aucun rapport avec le Christ,* il faut désormais et c'est très normal dire *Christien.* Les vrais disciples de Jésus-Christ de sexe masculin sont des *Christiens*, et ceux de sexe féminin sont des *Christiennes.* Il n'y a pas d'appellation pour les hermaphrodites, les transgenres, les transsexuels et tous ceux qui se livrent à des pratiques abominables au nom de la liberté. Notre religion s'appelle le Christianisme et non le *chrétienisme.* Dans la langue Française, on a des prénoms tels que Christ, Christophe, Christian et Christine voir Christiane qui réfèrent au Christ. Mais qu'est ce qui fait qu'au moment d'utiliser un adjectif propre à Christ sur le plan religieux on tord le sens ? C'est une ruse du diable et c'est inacceptable pour moi. Les Anglo-Saxonnes vont dire 'CHRISTIAN' - 'CHRISTIANITY'. Ce qui est juste et acceptable par des gens honnêtes. On devrait naturellement appeler les disciples de Jésus-Christ, des CHRISTIENS. Le problème vient des Académiciens Français mal intentionnés et ennemis de Dieu qui ont choisi cette appellation pour se moquer des disciples du Christ. Certains vont croire que cela n'a pas d'importance significative, pourtant la portée spirituelle est colossale. Personne ne peut accepter qu'on l'appelle du nom de l'autre et qu'une confusion s'installe sur sa reconnaissance. Moi aussi je refuse qu'on m'appelle *'chrétien'* car je suis de Christ et non de *'chrét'*. N'importe qui peut se dire *'chrétien'* comme vous le voyez de nos jours, avec plus de 90% de fils du malin infiltrés dans ce qu'ils appellent églises. Cependant le (la) Christien (ne) sera toujours celui (celle-là) qui est en Alliance de sang avec Christ. C'est pour cela qu'il y a très peu de Christiens dans le monde. Donc tout au long de ce livre vous trouverez Christien comme j'ai été inspiré. Les Français n'ont plus le monopole de leur langue. Vous conviendrez avec moi que CHRISTIEN est la version francophone de CHRISTIAN.

INTRODUCTION

Le retour du Christ est donc un évènement attendu par les Christiens : il est décrit par les Saintes Ecritures, notamment par les livres de la Nouvelle Alliance. Dans le jargon religieux on parle aussi de : *'La Seconde venue du Christ '-'L'avènement du Seigneur'-' La parousie qui est un terme grec signifiant présence ou venue'*. Nous pouvons trouver dans la Bible plusieurs descriptions liées à cet heureux évènement : *(Il revient pour régner sur son Royaume, Matthieu 25.31-46, Apocalypse 19.11-21) – (IL revient avec puissance et gloire, Matthieu 24.30, Marc13.26) – (Les morts en Christ ressusciteront et les disciples vivants seront transformés, 1 Corinthiens 15.50-54, 1 Thessaloniciens 4.13-18).* La Bible nous informe aussi sur les signes qui vont précéder ce retour : Les guerres et les bruits de guerre – les catastrophes multiples – l'apparition des faux prophètes et du faux messie *(Matthieu 24.24, Marc 13.22) – La montée de la méchanceté et de l'Athéisme (2 Timothée 3.1-5) – La Réunion de Nations contre Israël (Ezéchiel 38. 39) – L'apparition des signes dans le ciel – une succession des fléaux et calamités sur la terre.* Bref l'Apocalypse de Jean nous rendra témoignage dans la suite de ce livre consacré à la compréhension de la véracité de cet avènement dans le but de mieux se préparer et éviter d'être distrait par les faux prophètes de l'heure. *Matthieu 24.23 « Si quelqu'un vous dit alors: Le Christ est ici, ou: Il est là, ne le croyez pas.24.24 Car il s'élèvera de faux Christs et de faux prophètes; ils feront de grands prodiges et des miracles, au point de séduire, s'il était possible, même les élus. 24.25 Voici, je vous l'ai annoncé d'avance. 24.26 Si donc on vous dit: Voici, il est dans le désert, n'y allez pas; voici, il est dans les chambres, ne le croyez pas.24.27 Car, comme l'éclair part de l'orient et se montre jusqu'en occident, ainsi sera l'avènement du Fils de l'homme. 24.28 En quelque lieu que soit le cadavre, là s'assembleront les aigles. 24.29 Aussitôt après ces jours de détresse, le soleil s'obscurcira, la lune ne donnera plus sa lumière, les étoiles tomberont du ciel, et les puissances des cieux seront ébranlées. 24.30 Alors le signe du Fils de l'homme paraîtra dans le ciel, toutes les tribus de la terre se lamenteront, et elles verront le Fils de l'homme venant sur les nuées du ciel avec puissance et une grande gloire. 24.31 Il enverra ses anges avec la trompette retentissante, et ils rassembleront ses élus des quatre vents, depuis une extrémité des cieux jusqu'à l'autre. 24.32 Instruisez-vous par une comparaison tirée du figuier. Dès que ses branches deviennent tendres, et que les feuilles poussent, vous connaissez que l'été est proche. »*

Bien que la Parole de Dieu soit à notre portée, de nombreuses personnes qui la lisent, le font de manière superficielle. Plusieurs n'y peuvent rien comprendre parce qu'ils ne sont pas de Dieu. Car il y a une différence fondamentale entre créatures de Dieu et enfants de Dieu. Ce qui fait que les interprétations diffèrent d'un individu à l'autre, pourtant cela ne devrait pas avoir lieu. Il est important de noter que les détails exacts du retour de Jésus-Christ ne sont pas clairs pour les profanes, raison pour laquelle il y a des débats et d'interprétations divergentes parmi les nations, les théologiens et les érudits bibliques. Mais il ne faut pas perdre de vue que la grande majorité de ces théologiens et érudits ne sont que des païens. Ça veut dire qu'ils débattent d'un sujet hors de leur portée et leur compréhension. Les témoins de Jéhovah, les astrologues, les augures religieux, les influenceurs modernes et les moines continuent à entretenir des idées erronées là-dessus à travers les média sociaux. Les gourous de la *foi Bahaié* ont même prétendu qu'il est déjà venu depuis quelques décennies. Plusieurs déments se sont même proclamés être Jésus-Christ en Côte d'Ivoire et au Bénin tout récemment. Et ce n'est pas fini, il faut s'attendre à bien d'autres dérapages, ces fils du diable sont dans la logique des prophéties bibliques. En effet, Dieu fait chaque chose en son temps. Avec l'aide du Saint-Esprit, nous sommes simplement appelés à discerner les temps pour comprendre l'enchaînement des évènements et même prendre des bonnes dispositions s'il le faut. Mais comment les gens de ce siècle pourront le faire lorsqu'ils marchent au rythme d'un autre dieu ? Oui le monde égraine le chapelet du temps, pas comme Dieu le voudrait mais comme le petit dieu de ce siècle le veut à travers le calendrier Grégorien. Du moment où les Christiens qui confessent la seconde venue de Jésus observent ce calendrier et font des calculs à sa base, ils martèlent que Jésus ne reviendra pas. Regardez, ce calendrier ne prévoit pas la fin du monde car il compte le temps, de moins l'infini, à plus l'infini. Et cela fait plaisir aux dirigeants du monde qui s'obstinent d'accepter que leur pouvoir sera anéanti avec le retour du Christ. Tel n'est pas le cas pour le calendrier Divin prescrit aux enfants d'Israël à la sortie d'Egypte. Celui-ci commence par l'an un pour s'achever en l'an 7000, selon le plan de Dieu décrit dans le livre de Lévitiques au chapitre 23. Sur cette terre, l'Homme règnera 6000 ans, Jésus-Christ reviendra au terme du règne humain pour gouverner pendant 1000 ans. Après viendra la Fin. Le Seigneur Jésus lui-même nous a parlé de la fin du monde dans: *Matthieu 28.19 « Allez, faites de toutes les nations des disciples, les baptisant au nom du Père, du Fils et du Saint Esprit, 28.20 et enseignez-leur à observer tout ce que je vous ai prescrit. Et voici, je suis avec vous tous les jours, jusqu'à la fin du monde. »* Il y aura bel et bien une fin du monde, mais avant la fin de toute chose il faut que le Roi des rois revienne prendre effectivement contrôle de toute la terre avec des Disciples nés de nouveau à la première résurrection. Je tiens à préciser que tous ceux à qui des faux prophètes ont fait réciter quelques paroles et les ont déclarés '*nés de nouveau*' sont égarés. C'est ce qui est à la mode partout dans le monde depuis une vingtaine d'années. Lisez et relisez Jean Chapitre trois. Jésus-Christ lui-même précise que *« ce qui est de chair est chair et ce qui est né d'esprit est esprit »*. Tous ceux qui se disent *'nés de nouveau'* sont-ils donc des esprits ? Et bien plus être spirituel ne fait pas de quelqu'un un esprit.

Une lecture attentive de l'Apocalypse de Daniel ou celui de Jean, nous donne des indices clairs pour savoir à quel moment se situe ce retour. Mais la question qui revient, *c'est d'ici combien de temps ?* C'est à cette épineuse question que je vais répondre par démonstration scripturaire dans les pages qui suivent. La réponse à cette question vous aidera à prendre la meilleure décision de votre existence, celle de vous convertir réellement au Christianisme ou à choisir le monde et ses occasions de chute pour vous perdre : Dieu a mis en chaque personne la pensée de l'éternité comme l'a dit Ecclésiaste. Nous ne sommes que des sentinelles suscitées pour sonner l'alarme à chaque fois que ça ne va pas. Cette publication va très vite situer les lecteurs de la Bible sur l'impression de contradiction qu'ils ont lorsque Jésus-Christ dit : *' Je viens comme un voleur'* et *'Je viens sur les nuées avec puissance'*. Il n'y a aucune erreur à propos de ces différentes assertions, ce sont deux différentes manières de revenir en des moments bien précis. Il vient même comme une colombe par le Saint-Esprit tous les jours à la sortie des eaux de baptême, que cela ne vous étonne pas j'en ai la certitude.

1ère PARTIE : AUCUNE CONTRADICTION

1- Car l'Ecriture dit dans…

2 Timothée 3.16 « Toute Ecriture est inspirée de Dieu, et utile pour convaincre, pour corriger, pour instruire dans la justice. » C'est sur la base des Saintes Ecritures *(Les 66 livres du Canon Juif)* que je voudrais argumenter cette promesse divine relative à la seconde venue de Jésus-Christ. A lire cette Bible, nous avons l'impression qu'elle se contredit car le Seigneur de son vivant nous a mis en garde par rapport à cet évènement qui inaugure son règne. *On se demande comment il peut venir comme un voleur et sur les nuées en même temps après tant de trompettes qui sonneront.* N'est-il pas en train de nous embrouiller par hasard ? C'est pareil quand il dit *'Je viens bientôt'* – *'Le temps est proche'* et voici plus de 1900 ans il n'est jamais revenu. Cela alimente le moulin des incrédules, des sceptiques et des athées. Pourtant la vérité est là : il faut juste demander à Jésus lui-même de nous expliquer ce qu'il entend par venir comme un voleur. Etant lui-même la Parole de Dieu, nous pouvons bien nous inspirer de la Bible avec l'aide de l'Esprit-Saint, Esprit d'enseignement et de prophétie. Pour cela il faut que nous soyons d'accord que les Saintes Ecritures ne se contredisent pas. Qu'elles s'interprètent par elles-mêmes et qu'elles sont inspirées de Dieu. Ce n'est pas parce que le livre d'Apocalypse est rempli des images et des visions qu'il est difficile de le comprendre pour un serviteur de Dieu. Ce livre est destiné aux serviteurs de Dieu d'après son introduction, ce qui fait que toute autre personne qui n'est pas réellement appelée au sacerdoce ne peut rien y saisir. De nombreux érudits l'ont longtemps par erreur appelé *'la révélation de saint Jean le divin'* – Voyant ainsi ce livre comme une œuvre humaine, ce qui a formellement dénaturé le message. Pourtant au tout début il est écrit *'Révélation de Jésus-Christ...'* L'Ecriture ne peut être anéantie ! Dieu veillant sur sa Parole, a inspiré ses enfants à corriger cette grosse erreur dans les prochaines versions de la Bible. Ce sont ces mêmes théologiens qui ont inventé les termes *'ancien et nouveau testaments'* pour désigner les livres de l'Ancienne Alliance et ceux de la Nouvelle Alliance. Pour être honnête si ces deux compilations de livres sont des testaments c'est que l'auteur est mort. Car un testament n'entre en vigueur que lorsque la mort du testamentaire est constatée et prouvée. Or notre Dieu vit d'âge en âge. C'est donc ce socle éprouvé par son Auteur lui-même qui est ma source de référence.

2- La Mort et l'enlèvement de l'Eglise

La Mort et l'enlèvement de l'Eglise viennent comme des voleurs pour emporter les hommes en général en ce qui concerne la mort et rassembler les disciples dans le ciel en particulier au jour des noces de l'agneau.

Le Seigneur Jésus-Christ a promis revenir comme un voleur et avec des nuées en même temps. *2 Pierre 3.10 « Le jour du Seigneur viendra comme un voleur; en ce jour, les cieux passeront avec fracas, les éléments embrasés se dissoudront, et la terre avec les œuvres qu'elle renferme sera consumée. »* Ce qui prête à confusion et amène certains à se demander si ce n'est pas du bluff. Nous savons tous que nous sommes mortels et que nous ne mourrons pas tous au même instant. Mais nous ne savons pas ce qui se passe au moment où l'ange de la mort se présente à nous. Il est bien vrai que le théologie a menti et continue à le faire sur le lieu où vont les morts. Les voyous nous disent que les morts vont au ciel, tantôt au purgatoire qui est à côté du ciel. Pourtant il est écrit dans la Bible que les morts partent au séjour des morts, qui est dans le sol. Il faut réfuter ces doctrines de démons avec énergie. Parce que si ceux qui meurent vont au ciel, il n'y aura pas de résurrection des morts. *Apocalypse 3.3 « Rappelle-toi donc comment tu as reçu et entendu, et garde et repens-toi. Si tu ne veilles pas, je viendrai comme un voleur, et tu ne sauras pas à quelle heure je viendrai sur toi. » Apocalypse 16.15 « Voici, je viens comme un voleur. Heureux celui qui veille, et qui garde ses vêtements, afin qu'il ne marche pas nu et qu'on ne voie pas sa honte! »*

Le retour comme un voleur concerne tous les êtres humains, chacun personnellement lorsque le moment arrive qu'il doit quitter cette terre. La mort peut surprendre tout individu Christien ou pas, n'importe où et n'importe quand, aussi par n'importe quel moyen. *La mort ne prévient pas, elle vient comme un voleur et arrache une ou des personnes à la vie.* C'est ce que Jésus et les apôtres veulent dire aux disciples. A la mort du disciple c'est l'ange du Seigneur qui vient le chercher pour l'accueillir dans le sein d'Abraham au séjour des morts, car ces derniers ont vaincu la Mort lors du baptême d'eau. Or tel n'est pas le cas de ceux qui ne sont pas disciples de Jésus. C'est l'ange de la mort qui se charge de leur âme car ils n'ont pas vaincu la mort de leur vivant. Le jour du Seigneur c'est pour tout le monde car tous sont morts en Adam. *1 Thessalonicien 5.2 « Car vous savez bien vous-mêmes que le jour du Seigneur viendra comme un voleur dans la nuit. 5.3 Quand les hommes diront: Paix et sûreté! Alors une ruine soudaine les surprendra, comme les douleurs de l'enfantement surprennent la femme enceinte, et ils n'échapperont point. »*

En dehors de la mort qui surprend tous les jours, l'Eglise de Jésus-Christ sera enlevée tout d'un coup, une transfiguration subite va se produire. *Matthieu 24.37 « Ce qui arriva du temps de Noé arrivera de même à l'avènement du Fils de l'homme. 24.38 Car, dans les jours qui précédèrent le déluge, les hommes mangeaient et buvaient, se mariaient et mariaient leurs enfants, jusqu'au jour où Noé entra dans l'arche; 24.39 et ils ne se doutèrent de rien, jusqu'à ce que le déluge vînt et les emportât tous: il en sera de même à l'avènement du Fils de l'homme. 24.40 Alors, de deux hommes qui seront dans un champ, l'un sera pris et l'autre laissé; 24.41 de deux femmes qui moudront à la meule, l'une sera prise et l'autre laissée. 24.42 Veillez donc, puisque vous ne savez pas quel jour votre Seigneur viendra. »* L'Apôtre Paul n'a pas manqué d'entrer en détail dans *1 Corinthiens 15.51 « Voici, je vous dis un mystère: nous ne mourrons pas tous, mais tous nous serons changés, 15.52 en un instant, en un clin d'œil, à la dernière trompette. La trompette sonnera, et les morts ressusciteront incorruptibles, et nous, nous serons changés. 15.53 Car il faut que ce corps corruptible revête l'incorruptibilité, et que ce corps mortel revête l'immortalité. 15.54 Lorsque ce corps corruptible aura revêtu l'incorruptibilité, et que ce corps mortel aura revêtu l'immortalité, alors s'accomplira la parole qui est écrite: La mort a été engloutie dans la victoire. 15.55 O mort, où est ta victoire? O mort, où est ton aiguillon ? »*

Le jour de la mort viendra comme un voleur pour ceux qui ne sont pas enfants de Dieu. Pour les gens du monde, ou pour les enfants de Dieu qui abandonnent les voies de leur Père pour s'atteler aux principes du monde : c'est une évidence et cela arrive toutes les minutes sur terre. Si vous ne voulez pas de surprise, convertissez-vous réellement et persévérez dans la Foi ! Si vous passez des ténèbres à la lumière, la mort ne vous surprendra pas du tout. *1 Thessalonicien 5.4 « Mais vous, frères, vous n'êtes pas dans les ténèbres, pour que ce jour vous surprenne comme un voleur; 5.5 vous êtes tous des enfants de la lumière et des enfants du jour. Nous ne sommes point de la nuit ni des ténèbres. »* En tant que Christien ou enfant de Dieu, le jour de la mort ne devrait pas te surprendre si tu marches par l'Esprit. Si tu veilles sur tes voies car ton Seigneur est constamment en communication avec toi, alors tu seras d'une manière ou d'une autre informé. L'accident ne te surprendra pas car ton Dieu t'aura averti en songe ou en vision de ce qui arrivera le lendemain. L'Apôtre Paul a été informé de sa mort prochaine de manière que dans certaines de ses lettres, il l'a ouvertement annoncée. Dieu ne cache rien à ses enfants, les gens sont plutôt distraits et passent à côté des messages divins.

3- Le retour avec les nuées

C'est ici l'évènement le plus spectaculaire et unique en son genre que le monde n'ait jamais connu. *Apocalypse 1.7 « Voici, il vient avec les nuées. Et tout œil le verra, même ceux qui l'ont percé; et toutes les tribus de la terre se lamenteront à cause de lui. Oui. Amen! 1.8 Je suis l'alpha et l'oméga, dit le Seigneur Dieu, celui qui est, qui était, et qui vient, le Tout Puissant. »* Avant ce moment il y aura des bouleversements catastrophiques sur la terre. Et pour vous dire vrai, les vrais Christiens seront toujours en train d'observer le Sabbat, les Sabbats, les fêtes en l'honneur de l'Eternel et le reste des commandements de Dieu. Ils discerneront les temps grâce à tous les signes décrits d'avance dans l'Apocalypse. *Matthieu 24.20 « Priez pour que votre fuite n'arrive pas en hiver, ni un jour de sabbat. 24.21 Car alors, la détresse sera si grande qu'il n'y en a point eu de pareille depuis le commencement du monde jusqu'à présent, et qu'il n'y en aura jamais. »* Ce sera une démonstration de puissance et une prise de fonctions magistrale. *Matthieu 24.25 « Voici, je vous l'ai annoncé d'avance. 24.26 Si donc on vous dit: Voici, il est dans le désert, n'y allez pas; voici, il est dans les chambres, ne le croyez pas. 24.27 Car, comme l'éclair part de l'orient et se montre jusqu'en occident, ainsi sera l'avènement du Fils de l'homme. 24.28 En quelque lieu que soit le cadavre, là s'assembleront les aigles. 24.29 Aussitôt après ces jours de détresse, le soleil s'obscurcira, la lune ne donnera plus sa lumière, les étoiles tomberont du ciel, et les puissances des cieux seront ébranlées. 24.30 Alors le signe du Fils de l'homme paraîtra dans le ciel, toutes les tribus de la terre se lamenteront, et elles verront le Fils de l'homme venant sur les nuées du ciel avec puissance et une grande gloire. 24.31 Il enverra ses anges avec la trompette retentissante, et ils rassembleront ses élus des quatre vents, depuis une extrémité des cieux jusqu'à l'autre. » Matthieu 25.31 « Lorsque le Fils de l'homme viendra dans sa gloire, avec tous les anges, il s'assiéra sur le trône de sa gloire. »* Mais attention ! Ce n'est pas tout le monde qui revivra, seuls les morts en Christ, les vrais disciples de Christ. C'est donc là le but réel du Christianisme : *ressusciter* pour ainsi dire *naître de nouveau* à la prochaine venue du Christ et régner avec lui. Les autres morts vont attendre mille ans pour revenir à la vie et être jugés sur la base de leurs actes et des Saintes écritures. 1 *Corinthiens 15.22 « Et comme tous meurent en Adam, de même aussi tous revivront en Christ, 15.23 mais chacun en son rang. Christ comme prémices, puis ceux qui appartiennent à Christ, lors de son avènement. 15.24 Ensuite viendra la fin, quand il remettra le royaume à celui qui est Dieu et Père, après avoir détruit toute domination, toute autorité et toute puissance. 15.25 Car il faut qu'il règne jusqu'à ce qu'il ait mis tous les ennemis sous ses pieds.» 1 Corinthiens 15.51 « Voici, je vous dis un mystère: nous ne mourrons pas tous, mais tous nous serons changés, 15.52 en un instant, en un clin d'œil, à la dernière trompette. La trompette sonnera, et les morts ressusciteront incorruptibles, et nous, nous serons changés. »* Ainsi nous avons la certitude maintenant que Jésus-Christ revient automatiquement, qu'il ne revient pas à la fin du monde mais pour régner mille ans avant la fin de ce monde actuel. Cependant la question du quand n'est pas tranchée. Elle le sera à la lumière des Ecrits Bibliques.

2ème PARTIE : LES TEMPS ET LES SAISONS PROPHETIQUES

1- Qui contrôle le temps ?

Satan le *petit dieu* de ce siècle a tellement séduit les hommes de manière que la grande majorité croit que c'est lui le maître des temps et des saisons. Non ! Il ne l'est pas, lui-même subit seulement et se bat pour égarer le plus de personnes possible. C'est l'ETERNEL DIEU qui n'a ni commencement ni fin qui contrôle le temps qu'il a fixé de sa propre autorité. *Genèse 1.14 « Dieu dit: Qu'il y ait des luminaires dans l'étendue du ciel, pour séparer le jour d'avec la nuit; que ce soient des signes pour marquer les époques, les jours et les années; 1.15 et qu'ils servent de luminaires dans l'étendue du ciel, pour éclairer la terre. Et cela fut ainsi. 1.16 Dieu fit les deux grands luminaires, le plus grand luminaire pour présider au jour, et le plus petit luminaire pour présider à la nuit; il fit aussi les etoiles.1.17 Dieu les plaça dans l'étendue du ciel, pour éclairer la terre, 1.18 pour présider au jour et à la nuit, et pour séparer la lumière d'avec les ténèbres. Dieu vit que cela était bon. 1.19 Ainsi, il y eut un soir, et il y eut un matin: ce fut le quatrième jour ».* C'est Dieu qui fait chaque chose en son temps. Maître incontesté du temps, c'est le temps de l'ETERNEL qui est le meilleur. Ça ne sert donc à rien de faire la course avec le temps que quelqu'un d'autre a fixé. Pour comprendre les prophéties Bibliques, la chronologie des évènements bibliques, il vous faut avoir l'horloge de Dieu. Il faut s'arrimer sur le calendrier de Dieu. Or ce n'est toujours pas le cas pour plusieurs de ceux qui prétendent connaître Dieu. Les augures prédisent la fin du monde, annoncent l'avenir sur des fausses bases, en quadrillant le ciel pour y trouver des dates astrologiques etc.

2- YHWH et son Calendrier

L'Eternel, le créateur avant de cheminer avec l'Homme a d'abord fixé les repères du temps et des saisons. Que ce soit avec Adam ou le peuple Juif quand il sortait d'Egypte. Jésus-Christ et tous les juifs ne sont pas exemptés de l'observation des temps fixés par leur Père et notre Père. Israël continue à le faire malgré certaines interférences et décalages que j'observe dans leur calendrier. Nous aussi Christiens, ne pouvons pas nous écarter de cette ordonnance divine. *Exode 12.1 « L'Eternel dit à Moïse et à Aaron dans le pays d'Egypte:12.2 Ce mois-ci sera pour vous le premier des mois; il sera pour vous le premier des mois de l'année. »* Il s'agit ici du Mois de Nissan au cours duquel les enfants de Dieu, les Christiens célèbrent la Pâque. Je dis bien la Pâque (sans la lettre « s » à la fin) et non *'pâques, cette fête d'antichrist'*. Dans la Bible Jésus est l'agneau pascal, il est crucifié le jour de la pâque et ressuscite le troisième jour selon le signe prémonitoire de Jonas. Dans les coutumes païennes des enfants du dieu de ce monde, le petit jésus ressuscite le jour de *'pâques'*. Je n'arrive toujours pas à comprendre comment les gens lisent la bible et pratiquent les consignes de la reine du Ciel. Dieu a un seul calendrier que tous ses enfants dignes de ce nom devraient observer scrupuleusement. Si Dieu dans sa souveraineté fait chaque chose en son temps, c'est que le temps fixé de son autorité personnelle doit être respecté et observé. Je constate avec amertume que ce n'est pas le cas, les gens confessent ce qu'ils ne croient pas et s'attendent aux miracles. Si Dieu vous parle d'une rencontre pour le premier mois et vous attendez cette rencontre en janvier, dites-moi si elle aura lieu ? Non ! Car Janvier n'est pas dans son langage. Janvier c'est le temps fixé par l'autorité de la mission catholique. Le pape et tous ses subalternes connaissent la vérité à ce sujet, mais comme ils ont délibérément choisi marie, ils vont toujours vous persuader que *marie* veille personnellement à ce que *dieu* change d'avis par amour pour vous.

3- Quel Calendrier le Christien devrait-il observer ?

Avant toute chose nous devons avoir un référentiel. Nous devons répondre la question de savoir quel calendrier le Christien doit observer. Le Christien devrait-il observer le calendrier divin ou celui du monde ? Lorsque vous passez près des synagogues de Satan le dimanche vous êtes surpris d'entendre des refrains de moquerie. *« Il est le même, hier et aujourd'hui, il est le même éternellement ».* En fait de qui se moque-ton ? De Dieu ou de soi ? Les humains se moquent d'eux-mêmes car l'Homme ne peut frustrer Dieu. Si Dieu est le même, ne change pas, si Jésus est sa Parole et ne change pas, comment la Bible, sa Parole peut-elle donc changer ? Ce sont les Hommes le vrai problème de la Parole de Dieu : pas n'importe quel Homme je vous en prie, les sorciers, les fils du Malin, les méchants qui se sont octroyés des titres de révérends, sa sainteté, théologiens, érudits bibliques, critiques bibliques, mon seigneur, mon père, son éminence, etc. Un individu simple ne peut pas falsifier la Parole qui l'a créé. Mais les sorciers le font tous les jours, allant de doctrines de démons en doctrines de perdition. Les Christiens sont des enfants de Dieu au même titre que les enfants d'Israël, car ils ont été incorporés Israël par alliance de sang. Le Christianisme contrefait de Satan qui a emboîté le pas à la vraie croyance a fait de ses ouailles des antisémites. C'est vraiment regrettable mais Dieu a tout prévu pour un but, même ces falsificateurs de la Parole pour le jour de la destruction. Aller dans les pratiques Bibliques choisir un évènement et le célébrer comme les témoins de Jéhovah le font avec la pâque et les Adventistes du septième jour avec le sabbat ne fait d'un courant religieux un courant Christien. Si vous êtes Christien ou Christienne, vous devez observer et pratiquer toute la Parole de Dieu et au temps fixé. C'est par les œuvres de la Foi qu'on reconnaît une vraie Assemblée Christienne. Et pour ne pas exagérer, ces congrégations sont très rares. Ce qui se passe dans le monde est vraiment le signe des derniers temps, mais ce n'est que le début du commencement des évènements annonciateurs de la seconde venue du Christ ROI.

4- Un retour planifié par le Maître des temps

L'Eternel Dieu a tout planifié depuis le début, il suffit d'être appelé, oint et établi pour comprendre. Car le serviteur de Dieu, le vrai avale d'abord la Parole avant d'entrer dans le sacerdoce. Si je me penche sur le papier aujourd'hui pour éclairer l'humanité sur la véracité de l'avènement du Seigneur, c'est parce que la Parole a été faite chair en moi. Inspiré par le Saint-Esprit, j'ai eu le privilège de comprendre que Dieu a un plan de 7000 ans qu'il a symbolisé par la semaine de création. Six jours pour la création de toutes choses et un jour de repos. Le Sabbat, jour saint et jour férié pour tous ses enfants ; il ne le prescrit pas seulement pour les juifs mais pour toute l'humanité. Méditez bien ce qui suit : *Esaïe 56.1 « Ainsi parle l'Eternel: Observez ce qui est droit, et pratiquez ce qui est juste; Car mon salut ne tardera pas à venir, Et ma justice à se manifester. 56.2 Heureux l'homme qui fait cela, Et le fils de l'homme qui y demeure ferme, Gardant le sabbat, pour ne point le profaner, Et veillant sur sa main, pour ne commettre aucun mal! 56.3 Que l'étranger qui s'attache à l'Eternel ne dise pas: L'Eternel me séparera de son peuple! Et que l'eunuque ne dise pas: Voici, je suis un arbre sec! 56.4 Car ainsi parle l'Eternel: Aux eunuques qui garderont mes sabbats, Qui choisiront ce qui m'est agréable, Et qui persévèreront dans mon alliance, 56.5 Je donnerai dans ma maison et dans mes murs une place et un nom Préférables à des fils et à des filles; Je leur donnerai un nom éternel, Qui ne périra pas. 56.6 Et les étrangers qui s'attacheront à l'Eternel pour le servir, Pour aimer le nom de l'Eternel, Pour être ses serviteurs, Tous ceux qui garderont le sabbat, pour ne point le profaner, Et qui persévèreront dans mon alliance, 56.7 Je les amènerai sur ma montagne sainte, Et je les réjouirai dans ma maison de prière; Leurs holocaustes et leurs sacrifices seront agréés sur mon autel; Car ma maison sera appelée une maison de prière pour tous les peuples. 56.8 Le Seigneur, l'Eternel, parle, lui qui rassemble les exiles d'Israël: Je réunirai d'autres peuples à lui, aux siens déjà rassemblés. »*

Nous sommes au commencement de l'an 5786 selon le calendrier divin. Je parle bien du calendrier divin et non du calendrier juif parce que de nos jours même Israël s'est permis de déplacer le début d'année pour le fixer au septième mois. Ce qui n'est pas concevable car il y a un décalage retardé de sept mois avec le calendrier original. Israël ne devrait pas avoir de multiples calendriers… Non, c'est intolérable, ils doivent avoir un seul, celui prescrit par le Dieu de Jacob. C'est pour cela que j'ai voulu que ce livre soit publié au début de cette année 5786 pour une datation simple. Nous n'avons pas besoin du carbone 14 ou de quoi d'autre comme instrument de datation scientifique en dehors de la Bible. Et un peu d'arithmétique, Dieu

étant le meilleur Mathématicien de tous les temps, nous userons de sa sagesse pour calculer. En partant du principe d'un jour pour 1000 ans dont parle le prophète et Roi David, force est de déduire que les sept jours de la création symbolisent 7000 ans d'existence réservée pour cette terre : dont 6000 ans du règne des Hommes et 1000 ans du règne de Jésus-Christ. Ce qu'on appelle le Millenium ou le jour du Sabbat. Lorsque qu'on se réfère au livre de Lévitique dans son 23ème chapitre, on se rend évidemment compte que Dieu a même dévoilé ce plan de sept mille ans dans la célébration des fêtes en son honneur. En dehors du sabbat hebdomadaire, Dieu a institué des sabbats annuels qui peuvent tomber n'importe quel jour de la semaine, et ces jours de sabbat qui sont au nombre de sept, sont étalés sur les sept premiers mois de l'année. Nous pouvons citer le 15 et le 21 Nissan qui sont le début et la fin de la fête des pains sans levain, étant donné que le jour de la pâque n'est pas un jour de fête mais de deuil. Nous avons entre autres le jour de la Pentecôte – le 1er du septième mois qui est bien évidemment la fête des trompettes – le 10 du septième mois qui est le jour des expiations ou jour de jeûne annuel – le 15 du septième mois qui est le premier jour de la fête des tabernacles et le 22 du septième mois, symbole du dernier grand jour. Un jour sans fin encore appelée vie éternelle ou vie d'âges den âges.
Parmi ces fêtes, il y en a deux que les Christiens commémorent étant donné qu'elles se sont déjà accomplies – La Pâque associée à la fête des pains sans levain et la Pentecôte qui fête le don physique et spirituel de la LOI. Les vrais enfants de Dieu célèbrent le reste de ces fêtes pour annoncer par la foi que ces évènements auront lieu. C'est le cas effectivement de la fête des trompettes qui nous intéresse ici, du jour des expiations et de la fête des Tabernacles. Ce n'est pas de l'activisme, nous fêtons les Trompettes tous

les ans pour annoncer les sept trompettes qui vont sonner pour prévenir les habitants de la terre à propos de la seconde venue du Christ. C'est important de comprendre ça et de réfléchir avant de festoyer avec les ennemis de Dieu.

Alors ce qui nous intéresse c'est le moment ou du moins l'année, le mois où se fera le retour du Christ pour établir son Gouvernement et régner pendant les milles ans. En quelque sorte il est question de savoir à quelle période prendront fin les six mille ans de l'homme. Pour cela il faut prendre en compte deux référentiels. Le référentiel divin, basé sur son calendrier donné à Israël à la sortie d'Egypte. Et le référentiel mondain, basé sur le calendrier idolâtrique Babylonien dit Grégorien. Et à partir de là convertir dans votre calendrier si vous en avez un, lequel tient la route.

Ainsi en faisant…

- ***Dans le référentiel Divin***

Dieu a fixé un temps pour toute chose : Six mille ans de gouvernement humain, mille ans pour le règne de Jésus-Christ et puis viendra la fin de ce monde. C'est donc dire que la seconde venue du Christ est prévue au terme des six mille ans du règne des hommes. Et comme d'après le calendrier Divin nous sommes en l'an 5786 on peut se prêter à un peu de calculs. C'est très facile de comprendre cette vérité indubitable. Cela revient à faire 6000 ans – 5786 ans et on obtient 214 ans. Ce qui veut logiquement dire en théorie qu'il manque deux cent quatorze années pour voir l'enlèvement de l'Eglise.

- ***Dans le référentiel mondain***

Le monde a aussi son calendrier qui n'a rien à voir avec celui de Dieu mais que nous prendrons en compte étant donné que plusieurs connaissent plutôt ce calendrier. Un calendrier qui va jusqu'à plus l'infini et ne tient pas compte de la fin du monde. Comprenons bien que la fin du monde ne signifie pas la fin du temps. Le temps ne finira pas, mais ce monde passera, je veux bien dire l'ancienne création. C'est tout à fait normal que les gens soient toujours en train de se tromper, le monde est au pouvoir du malin et pour mieux contrôler les humains, il a fallu que Satan invente son propre calendrier et son propre découpage du temps pour distraire. Puisque les gens suivent ce calendrier, nous pouvons donc nous référer à ses dates pour déterminer le retour du Messie d'après leur propre référence. Nous sommes donc en 2025 d'après les astrologues, les moines et les devins. Si on fait l'an 2025 + 214 ans on a théoriquement l'an 2239. Ce qui veut dire que tout œil le verra cette année-là.

Maintenant, nous allons tenir compte du fait que toute œuvre humaine est imparfaite et prendre en compte une marge d'incertitude d'un pourcent *(1%)* qui correspond à 10 ans comme il s'agit des milliers d'années…
C'est d'ailleurs sous l'inspiration du Saint-Esprit que j'ose le faire. Vous allez demander pourquoi ? Etant donné que le Saint-Esprit est Dieu… La réponse est simple c'est que Dieu le Père seul connaît la datation exacte. N'oubliez pas un jour est comme mille ans mais un jour n'est pas mille ans. *Matthieu 24.33 « De même, quand vous verrez toutes ces choses, sachez que le Fils de l'homme est proche, à la porte. 24.34 Je vous le dis en vérité, cette génération ne passera point, que tout cela n'arrive. 24.35 Le ciel et la terre*

passeront, mais mes paroles ne passeront point. 24.36 Pour ce qui est du jour et de l'heure, personne ne le sait, ni les anges des cieux, ni le Fils, mais le Père seul. » Ce qui fait que dans le référentiel divin nous avons une fourchette de temps qui encadre de retour présumé du Christ : [204 - 214 – 224]. C'est pourquoi dans la logique j'ai pris le juste milieu. Dans le référentiel mondain cela équivaut à une fourchette de l'an [2229 – 2239 – 2249]. Ce qui veut dire que le retour du Christ aura lieu entre les années [2229 et 2249]. Ainsi nous pouvons situer le retour triomphal du Christ autour de l'an 2239 du calendrier Grégorien ou l'an 6000 du Calendrier Chrétien. Donc effectivement dans 214 plus ou moins dix ans.

5- Un retour promis par le Christ en personne

Avant d'offrir sa vie en sacrifice pour l'expiation des péchés, le Sauveur a instruit ses disciples de la façon dont il serait présent avec ceux qui croiraient en lui : Jean 14.1 *« Que votre cœur ne se trouble point. Croyez en Dieu, et croyez en moi. Il y a plusieurs demeures dans la maison de mon Père. Si cela n'était pas, je vous l'aurais dit. Je vais vous préparer une place. Et, lorsque je m'en serai allé, et que je vous aurai préparé une place, je reviendrai, et je vous prendrai avec moi, afin que là où je suis vous y soyez aussi. Vous savez où je vais, et vous en savez le chemin. »* Apparemment, les disciples de notre génération ne prêtent plus beaucoup d'attention à ces paroles. Il y a une forme de sommeil spirituel qui a saisi les croyants à ce sujet. Sommeil spirituel sous l'influence méchante de Satan qui diffuse continuellement des fausses croyances à travers ses serviteurs dévoués de par le monde.. *Apocalypse 2.15 « De même, toi aussi, tu as des gens attachés pareillement à la doctrine des Nicolaïtes. 2.16 Repens-toi donc; sinon, je viendrai à toi bientôt, et je les combattrai avec l'épée de ma bouche. » Apocalypse 2.24 « A vous, à tous les autres de Thyatire, qui ne reçoivent pas cette doctrine, et qui n'ont pas connu les profondeurs de Satan, comme ils les appellent, je vous dis: Je ne mets pas sur vous d'autre fardeau; 2.25 seulement, ce que vous avez, retenez-le jusqu'à ce que je vienne. »* Ce qui intéresse la grande majorité de croyants aujourd'hui ce n'est pas le salut, ni le Royaume de Dieu, mais les miracles, la prospérité, le mariage avec des riches, le travail bien rémunéré, les succès sans travailler, la réussite sans composer… *Apocalypse 3.11 « Je viens bientôt. Retiens ce que tu as, afin que personne ne prenne ta couronne. »* La grande majorité n'a même pas encore ce salut en mains, elle va retenir quoi concrètement ? Tout ce que nous avons de précieux c'est le salut que Dieu nous a offert, c'est comme un visa estampillé dans notre passeport pour le Millénium. Que ce soit à la mort où lors de l'enlèvement de l'Eglise, personne n'emporte rien de matériel.

6- Un retour inconnu des profanes

Les gens se livrent de nos jours à toutes sortes de pratiques dangereuses sans s'en rendre compte. L'astrologie, la voyance, la divination et autres moyens diaboliques de connaissance du futur sont des œuvres de Satan. L'horoscope est réservé aux fils du malin et non à un être juste. Dieu seul nous guide. Avec la diversification des jeux au hasard, l'activité des augures se voit attribuer des côtes énormes de popularité. A l'heure où je suis en train d'écrire ces pages, les parieurs crypto sont aussi en train miser sur le retour de Jésus en 2025. Sur internet nul n'est plus surpris d'apprendre de la bouche des voyants et des spécialistes de la feymania que le Seigneur est là… Une plateforme de crypto et de paris prédictifs propose une cote à 3 % pour ce retour. L'univers crypto n'a jamais craint l'absurde. Mais quand la mégalomanie financière se mêle des prophéties bibliques, il faut comprendre que le diable a plus d'un tour dans sa poche. Même le *'petit jésus'* de noël n'est pas prêt à se faire repérer en 2025. Qui peut se mettre à parier sur un tel retour si ce n'est un lépreux mental. L'esprit du monde s'oppose à tout ce qui est saine doctrine et entraîne les gens toujours vers le séjour des morts qui est en bas dans le sol. Que les parieurs continuent à se tromper, la mort viendra comme un voleur les surprendre. Plus tard le Seigneur viendra avec les nuées et avec puissance. Mon rôle c'est de crier à plein gosier pour que ceux qui sont attentifs, écoutent sauvent leurs âmes de l'emprise des forces occultes qui les enlacent tous les jours. Tous ces gens qui miaulent comme des chats dans les médias pour dire des prophéties au sujet de la seconde venue du Christ sont des faux prophètes. Vous devez les vomir et ne jamais suivre leurs paroles de mauvais aloi.

7- Un retour moqué par les insensés

J'ai l'habitude d'entendre les gens répondre *'Oui même Jésus avait dit qu'il arrive…'* à leur interlocuteur lorsqu'il lui dit : *'J'arrive'*. Pour ainsi dire qu'il ment comme Jésus a menti. C'est normal de parler ainsi lorsqu'on ne connait pas Jésus-Christ. Cependant il est indéniable, que ce soit la Vérité, le Seigneur reviendra chercher ses élus. Les juifs de son époque ont même prétendu qu'il avait un démon, lorsqu'il eut une conversation avec eux au sujet du patriarche Abraham. Vous ne devez pas les ressembler car la Parole de Dieu est vivante. Depuis la chute de l'Empire romain, 183 fins du monde ont été annoncées et jusque-là rien ne s'est passé. Plusieurs diseurs de bonne aventure parlent de la fin du monde sans jamais évoquer la seconde venue du Christ comme si les deux évènements sont identiques... Mais est-ce à dire qu'il n'y en aura pas ? Si Jésus-Christ personnellement en a parlé à plusieurs reprises et que les anges de Dieu l'ont attesté, c'est que la fin du monde sera bien réelle. Mais nous voulons ici parler de la seconde venue de Jésus, évènement qui aura lieu mille avant la fin du Monde. Et que ce soit ce retour ou la fin du monde en elle-même, rien ne surprendra les habitants de la terre car la chronologie de ces évènements est contenue dans la Bible. Elle est tout près de chacun, au chevet de vos lits, sur vos tables, dans vos voitures et maintenant dans vos téléphones. Mais peu de gens s'y réfèrent. Je vous livre l'intégralité du livre d'Apocalypse dans cette publication pour que le lecteur n'ait plus à vouloir chercher une Bible pour y vérifier.

3ème PARTIE : LE SURVOL DE L'APOCALYPSE DE JEAN

Tout est annoncé dans la Bible que le catholicisme vous a interdit de lire depuis des siècles. En survolant le livre phare de retour de Jésus-Christ, il est important de comprendre que c'est un livre destiné à certaines personnes spécifiques : les serviteurs de Dieu. Ce livre n'est pas accessible à tous, ce qui fait que les serviteurs improvisés et les fils du malin n'y comprendront toujours rien. Ce livre est là pour confondre les faux ouvriers et pour éprouver les fausses prophéties. Nous allons le voir dans son commentaire. [Tout au long de ce livre c'est moi qui sous-titre et qui commente.] Nous allons comprendre pourquoi plusieurs faux prophètes y ont mordu la poussière et pourtant ce livre est simple, concis et précis. Tous ces faux prophètes qui sont sur la toile de nos jours en train de roucouler, travaillent pour un même patron : le diable. Ils ont des révélations fabriquées, des visions chimériques, des morceaux choisis bien conçus pour séduire les gens, des paroles de motivation enregistrées dans les cercles exotériques pour endormir tous ceux qui croiront en eux. *« Notre seigneur est à la porte – J'étais rosicrucien, j'ai vu le seigneur et il m'a dit qu'il revient d'ici deux ans - le seigneur m'a dit qu'il est déjà l'heure, etc. J'étais mort et j'ai rencontré le seigneur, il m'a donné ce message pour les habitants de terre. »* Ce n'est pas la peine de les citer car ils sont nombreux comme le sable au bord de la mer. Des crabes rêveurs, de voyous spirituels ivres de sorcellerie.

- ***Préambule***

Apocalypse 1.1 « Révélation de Jésus Christ, que Dieu lui a donnée pour montrer à ses serviteurs les choses qui doivent arriver bientôt, et qu'il a fait connaître, par l'envoi de son ange, à son serviteur Jean, 1.2 lequel a attesté la parole de Dieu et le témoignage de Jésus Christ, tout ce qu'il a vu. 1.3 Heureux celui qui lit et ceux qui entendent les paroles de la prophétie, et qui gardent les choses qui y sont écrites! Car le temps est proche. »

Le message du livre est donné par Dieu le Père à Dieu le Fils, c'est lui Jésus-Christ qui révèle ce message à ses serviteurs y compris l'Apôtre Jean par l'intermédiaire de son Ange. Tout est enfermé dans le premier verset du livre, Jésus-Christ révèle à ses serviteurs des choses qui doivent arriver bientôt. Il ne s'agit pas des choses qui peuvent ou pourraient arriver bientôt… *'Elles doivent arriver… pas dans les rêves, mais sur la terre parmi les humains et les animaux et dans le ciel.'* Ce qui fait que Jésus-Christ ne peut non plus revenir sans que ces choses soient arrivées dans l'ordre chronologique et au temps marqué. Chaque détail est important et chacun des évènements va s'étaler sur une période déterminée plus ou moins longue. *Apocalypse « 1.4 Jean aux sept Églises qui sont en Asie: que la grâce et la paix vous soient données de la part de celui qui est, qui était, et qui vient, et de la part des sept esprits qui sont devant son trône, 1.5 et de la part de Jésus-Christ, le témoin fidèle, le premier-né des morts, et le prince des rois de la terre! A celui qui nous aime, qui nous a délivrés de nos péchés par son sang, 1.6 et qui a fait de nous un royaume, des sacrificateurs pour Dieu son Père, à lui soient la gloire et la puissance, aux siècles des siècles! Amen! 1.7 Voici, il vient avec les nuées. Et tout œil le verra, même ceux qui l'ont percé; et toutes les tribus de la terre se lamenteront à cause de lui. Oui.*

Amen! 1.8 Je suis l'alpha et l'oméga, dit le Seigneur Dieu, celui qui est, qui était, et qui vient, le Tout Puissant. »

-La Révélation de Jésus-Christ

Apocalypse « 1.9 Moi Jean, votre frère, et qui ai part avec vous à la tribulation et au royaume et à la persévérance en Jésus, j'étais dans l'île appelée Patmos, à cause de la parole de Dieu et du témoignage de Jésus. 1.10 Je fus ravi en esprit au jour du Seigneur, et j'entendis derrière moi une voix forte, comme le son d'une trompette, 1.11 qui disait: Ce que tu vois, écris-le dans un livre, et envoie-le aux sept Églises, à Éphèse, à Smyrne, à Pergame, à Thyatire, à Sardes, à Philadelphie, et à Laodicée. 1.12 Je me retournai pour connaître quelle était la voix qui me parlait. Et, après m'être retourné, je vis sept chandeliers d'or, 1.13 Et, au milieu des sept chandeliers, quelqu'un qui ressemblait à un fils d'homme, vêtu d'une longue robe, et ayant une ceinture d'or sur la poitrine. 1.14 Sa tête et ses cheveux étaient blancs comme de la laine blanche, comme de la neige; ses yeux étaient comme une flamme de feu; 1.15 Ses pieds étaient semblables à de l'airain ardent, comme s'il eût été embrasé dans une fournaise; et sa voix était comme le bruit de grandes eaux. 1.16 Il avait dans sa main droite sept étoiles. De sa bouche sortait une épée aiguë, à deux tranchants; et son visage était comme le soleil lorsqu'il brille dans sa force. 1.17 Quand je le vis, je tombai à ses pieds comme mort. Il posa sur moi sa main droite en disant: Ne crains point! 1.18 Je suis le premier et le dernier, et le vivant. J'étais mort; et voici, je suis vivant aux siècles des siècles. Je tiens les clefs de la mort et du séjour des morts. 1.19 Écris donc les choses que tu as vues, et celles qui sont, et celles qui doivent arriver après elles, 1.20 le mystère des sept étoiles que tu as vues dans ma main droite, et des sept chandeliers d'or. Les sept étoiles sont les anges des sept Églises, et les sept chandeliers sont les sept Églises. » Ici au verset 19 il est bien dit que Jean doit écrire deux catégories de choses seulement : *Celles qui sont et celles qui doivent arriver après elles*. Ça devient intéressant car la parole de Dieu devient ainsi claire, cependant il faut être capable de regrouper ces choses en deux catégories ou groupes comme cela se doit. Si nous pouvons distinguer dans le livre d'apocalypse les choses qui sont des choses qui doivent arriver après elles, nous pouvons aisément être situés sur le cours des évènements futurs et comprendre que Jésus-Christ n'est pas encore revenu de manière triomphale avec les nuées, soit qu'il va effectivement le faire d'ici un certain nombre de temps. C'est en effet ce qui nous intéresse dans ce livre. Prouver par l'Ecriture que tous ceux qui ont fixé plusieurs dates de retour sans succès étaient des faussaires. Prouver aussi que tous ceux qui calculent le retour du Christ en se référant au calendrier de Grégoire sont des aveugles qui conduisent les aveugles. Et en fin, que tous ceux qui doutent de cette seconde venue sous n'importe quel prétexte ont tort.

B- [PREMIERE CATEGORIE : LES CHOSES QUI SONT...]

Tout ce qui est répertorié au fil des lignes suivantes sont des choses qui existent soit dans le spirituel soit dans le naturel. Les Assemblées de Dieu - Le trône de Dieu – Les anges de Dieu – les bêtes sortant de la terre et de la mer – La femme symbole de L'Eglise de Dieu – la grande prostituée symbole de la grande église d'apostasie – les guerres angéliques passées – les 144 000 Rachetés de Dieu, etc.

1-Massage aux sept Eglises d'Asie Mineure

- ***Massage à l'Eglise d'Ephèse***

Apocalypse 2.1 « Écris à l'ange de l'Église d'Éphèse: Voici ce que dit celui qui tient les sept étoiles dans sa main droite, celui qui marche au milieu des sept chandeliers d'or: 2.2 Je connais tes œuvres, ton travail, et ta persévérance. Je sais que tu ne peux supporter les méchants; que tu as éprouvé ceux qui se disent apôtres et qui ne le sont pas, et que tu les as trouvés menteurs; 2.3 que tu as de la persévérance, que tu as souffert à cause de mon nom, et que tu ne t'es point lassé. 2.4 Mais ce que j'ai contre toi, c'est que tu as abandonné ton premier amour. 2.5 Souviens-toi donc d'où tu es tombé, repens-toi, et pratique tes premières œuvres; sinon, je viendrai à toi, et j'ôterai ton chandelier de sa place, à moins que tu ne te repentes. 2.6 Tu as pourtant ceci, c'est que tu hais les œuvres des Nicolaïtes, œuvres que je hais aussi. 2.7 Que celui qui a des oreilles entende ce que l'Esprit dit aux Églises: A celui qui vaincra je donnerai à manger de l'arbre de vie, qui est dans le paradis de Dieu. »

- ***Message à l'Eglise de Smyrne***

Apocalypse 2.8 « Écris à l'ange de l'Église de Smyrne: Voici ce que dit le premier et le dernier, celui qui était mort, et qui est revenu à la vie: 2.9 Je connais ta tribulation et ta pauvreté (bien que tu sois riche), et les calomnies de la part de ceux qui se disent Juifs et ne le sont pas, mais qui sont une synagogue de Satan. 2.10 Ne crains pas ce que tu vas souffrir. Voici, le diable jettera quelques-uns de vous en prison, afin que vous soyez éprouvés, et vous aurez une tribulation de dix jours. Sois fidèle jusqu'à la mort, et je te donnerai la couronne de vie. 2.11 Que celui qui a des oreilles entende ce que l'Esprit dit aux Églises: Celui qui vaincra n'aura pas à souffrir la seconde mort. »

- ***Message à l'Eglise de Pergame***

Apocalypse 2.12 « Écris à l'ange de l'Église de Pergame: Voici ce que dit celui qui a l'épée aiguë, à deux tranchants: 2.13 Je sais où tu demeures, je sais que là est le trône de Satan. Tu retiens mon nom, et tu n'as pas renié ma foi, même aux jours d'Antipas, mon témoin fidèle, qui a été mis à mort chez vous, là où Satan a sa demeure. 2.14 Mais j'ai quelque chose contre toi, c'est que tu as là des gens attachés à la doctrine de Balaam, qui enseignait à Balak à mettre une pierre d'achoppement devant les fils d'Israël, pour qu'ils mangeassent des viandes sacrifiées aux idoles et qu'ils se livrassent à l'impudicité. 2.15 De même, toi aussi, tu as des gens attachés pareillement à la doctrine des Nicolaïtes. 2.16 Repens-toi donc; sinon, je viendrai à toi bientôt, et je les combattrai avec l'épée de ma bouche. 2.17 Que celui qui a des oreilles entende ce que l'Esprit dit aux Églises: A celui qui vaincra je donnerai de la manne cachée, et je lui donnerai un caillou blanc; et sur ce caillou est écrit un nom nouveau, que personne ne connaît, si ce n'est celui qui le reçoit. »

- ***Message à l'Eglise de Thyatire***

Apocalypse 2.18 « Écris à l'ange de l'Église de Thyatire: Voici ce que dit le Fils de Dieu, celui qui a les yeux comme une flamme de feu, et dont les pieds sont semblables à de l'airain ardent: 2.19 Je connais tes œuvres, ton amour, ta foi, ton fidèle service, ta constance, et tes dernières œuvres plus nombreuses que les premières. 2.20 Mais ce que j'ai contre toi, c'est que tu laisses la femme Jézabel, qui se dit prophétesse, enseigner et séduire mes serviteurs, pour qu'ils se livrent à l'impudicité et qu'ils mangent des viandes sacrifiées aux idoles. 2.21 Je lui ai donné du temps, afin qu'elle se repentît, et elle ne veut pas se repentir de son impudicité. 2.22 Voici, je vais la jeter sur un lit, et envoyer une grande tribulation à ceux qui commettent adultère avec elle, à moins qu'ils ne se repentent de leurs œuvres. 2.23 Je ferai mourir de mort ses enfants; et toutes les Églises connaîtront que je suis celui qui sonde les reins et les cœurs, et je vous rendrai à chacun selon vos œuvres. 2.24 A vous, à tous les autres de Thyatire, qui ne reçoivent pas cette doctrine, et qui n'ont pas connu les profondeurs de Satan, comme ils les appellent, je vous dis: Je ne mets pas sur vous d'autre fardeau; 2.25 seulement, ce que vous avez, retenez-le jusqu'à ce que je vienne. 2.26 A celui qui vaincra, et qui gardera jusqu'à la fin mes œuvres, je donnerai autorité sur les nations. 2.27 Il les paîtra avec une verge de fer, comme on brise les vases d'argile, ainsi que moi-même j'en ai reçu le pouvoir de mon Père. 2.28 Et je lui donnerai l'étoile du matin. 2.29 Que celui qui a des oreilles entende ce que l'Esprit dit aux Églises! »

- ***Message à l'Eglise de Sardes***

Apocalypse 3.1 « Écris à l'ange de l'Église de Sardes: Voici ce que dit celui qui a les sept esprits de Dieu et les sept étoiles: Je connais tes œuvres. Je sais que tu passes pour être vivant, et tu es mort. 3.2 Sois vigilant, et affermis le reste qui est près de mourir; car je n'ai pas trouvé tes œuvres parfaites devant mon Dieu. 3.3 Rappelle-toi donc comment tu as reçu et entendu, et garde et repens-toi. Si tu ne veilles pas, je viendrai comme un voleur, et tu ne sauras pas à quelle heure je viendrai sur toi. 3.4 Cependant tu as à Sardes quelques hommes qui n'ont pas souillé leurs vêtements; ils marcheront avec moi en vêtements blancs, parce qu'ils en sont dignes. 3.5 Celui qui vaincra sera revêtu ainsi de vêtements blancs; je n'effacerai point son nom du livre de vie, et je confesserai son nom devant mon Père et devant ses anges. 3.6 Que celui qui a des oreilles entende ce que l'Esprit dit aux Églises! »

- ***Message à l'Eglise de Philadelphie***

Apocalypse 3.7 « Écris à l'ange de l'Église de Philadelphie: Voici ce que dit le Saint, le Véritable, celui qui a la clef de David, celui qui ouvre, et personne ne fermera, celui qui ferme, et personne n'ouvrira: 3.8 Je connais tes œuvres. Voici, parce que tu as peu de puissance, et que tu as gardé ma parole, et que tu n'as pas renié mon nom, j'ai mis devant toi une porte ouverte, que personne ne peut fermer. 3.9 Voici, je te donne de ceux de la synagogue de Satan, qui se disent Juifs et ne le sont pas, mais qui mentent; voici, je les ferai venir, se prosterner à tes pieds, et connaître que je t'ai aimé. 3.10 Parce que tu as gardé la parole de la persévérance en moi, je te garderai aussi à l'heure de la tentation qui va venir sur le monde entier, pour éprouver les habitants de la terre. 3.11 Je viens bientôt. Retiens ce que tu as, afin que personne ne prenne ta couronne. 3.12 Celui qui vaincra, je ferai de lui une colonne dans le temple de mon Dieu, et il n'en sortira plus; j'écrirai sur lui le nom de mon Dieu, et le nom de la ville de mon Dieu, de la nouvelle Jérusalem qui descend du ciel d'auprès de mon Dieu, et mon nom nouveau. 3.13 Que celui qui a des oreilles entende ce que l'Esprit dit aux Églises! »

- ***Message à l'Eglise de Laodicée***

Apocalypse 3.14 « Écris à l'ange de l'Église de Laodicée: Voici ce que dit l'Amen, le témoin fidèle et véritable, le commencement de la création de Dieu: 3.15 Je connais tes œuvres. Je sais que tu n'es ni froid ni bouillant. Puisses-tu être froid ou bouillant ! 3.16 Ainsi, parce que tu es tiède, et que tu n'es ni froid ni bouillant, je te vomirai de ma bouche. 3.17 Parce que tu dis: Je suis riche, je me suis enrichi, et je n'ai besoin de rien, et parce que tu ne sais pas que tu es malheureux, misérable, pauvre, aveugle et nu, 3.18 je te conseille d'acheter de moi de l'or éprouvé par le feu, afin que tu deviennes riche, et des vêtements blancs, afin que tu sois vêtu et que la honte de ta nudité ne paraisse pas, et un collyre pour oindre tes yeux, afin que tu voies. 3.19 Moi, je reprends et je châtie tous ceux que j'aime. Aie donc du zèle, et repens-toi. 3.20 Voici, je me tiens à la porte, et je frappe. Si quelqu'un entend ma voix et ouvre la porte, j'entrerai chez lui, je souperai avec lui, et lui avec moi. 3.21 Celui qui vaincra, je le ferai asseoir avec moi sur mon trône, comme moi j'ai vaincu et me suis assis avec mon Père sur son trône. 3.22 Que celui qui a des oreilles entende ce que l'Esprit dit aux Églises! » Même si les sept Eglises bien que physiques et ayant existé, représentent l'état de l'Eglise de Jésus-Christ ou du véritable Dieu vivant à travers le temps et l'espace, ces lettres s'appliquent aussi à tous les enfants de Dieu se trouvant dans l'un des multiples états décrits ci-avant. On remarque dans ces messages du Christ Glorifié qu'il est présent à l'intérieur du Christien par le Saint-Esprit et que venir comme un voleur nous renvoie à la mort de chaque individu. Chaque croyant doit marcher vers sa propre mort, le temps viendra où il y aura un départ collectif, mais ce n'est pas encore le moment. Il faut actuellement persévérer et faire entrer d'autres dans le Royaume par la prédication véritable.

2- Le trône de Dieu

Apocalypse 4.1 « Après cela, je regardai, et voici, une porte était ouverte dans le ciel. La première voix que j'avais entendue, comme le son d'une trompette, et qui me parlait, dit: Monte ici, et je te ferai voir ce qui doit arriver dans la suite. 4.2 Aussitôt je fus ravi en esprit. Et voici, il y avait un trône dans le ciel, et sur ce trône quelqu'un était assis. 4.3 Celui qui était assis avait l'aspect d'une pierre de jaspe et de sardoine; et le trône était environné d'un arc-en-ciel semblable à de l'émeraude. 4.4 Autour du trône je vis vingt-quatre trônes, et sur ces trônes vingt-quatre vieillards assis, revêtus de vêtements blancs, et sur leurs têtes des couronnes d'or. 4.5 Du trône sortent des éclairs, des voix et des tonnerres. Devant le trône brûlent sept lampes ardentes, qui sont les sept esprits de Dieu. 4.6 Il y a encore devant le trône comme une mer de verre, semblable à du cristal. Au milieu du trône et autour du trône, il y a quatre êtres vivants remplis d'yeux devant et derrière. 4.7 Le premier être vivant est semblable à un lion, le second être vivant est semblable à un veau, le troisième être vivant a la face d'un homme, et le quatrième être vivant est semblable à un aigle qui vole. 4.8 Les quatre êtres vivants ont chacun six ailes, et ils sont remplis d'yeux tout autour et au dedans. Ils ne cessent de dire jour et nuit: Saint, saint, saint est le Seigneur Dieu, le Tout Puisant, qui était, qui est, et qui vient! 4.9 Quand les êtres vivants rendent gloire et honneur et actions de grâces à celui qui est assis sur le trône, à celui qui vit aux siècles des siècles, 4.10 les vingt-quatre vieillards se prosternent devant celui qui est assis sur le trône et ils adorent celui qui vit aux siècles des siècles, et ils jettent leurs couronnes devant le trône, en disant: 4.11 Tu es digne, notre Seigneur et notre Dieu, de recevoir la gloire et l'honneur et la puissance; car tu as créé toutes choses, et c'est par ta volonté qu'elles existent et qu'elles ont été créées. »

3- La femme

Apocalypse 12.1 « Un grand signe parut dans le ciel: une femme enveloppée du soleil, la lune sous ses pieds, et une couronne de douze étoiles sur sa tête. 12.2 Elle était enceinte, et elle criait, étant en travail et dans les douleurs de l'enfantement. 12.3 Un autre signe parut encore dans le ciel; et voici, c'était un grand dragon rouge, ayant sept têtes et dix cornes, et sur ses têtes sept diadèmes. 12.4 Sa queue entraînait le tiers des étoiles du ciel, et les jetait sur la terre. Le dragon se tint devant la femme qui allait enfanter, afin de dévorer son enfant, lorsqu'elle aurait enfanté. 12.5 Elle enfanta un fils, qui doit paître toutes les nations avec une verge de fer. Et son enfant fut enlevé vers Dieu et vers son trône. 12.6 Et la femme s'enfuit dans le désert, où elle avait un lieu préparé par Dieu, afin qu'elle y fût nourrie pendant mille deux cent soixante jours. »

4- *Guerre au ciel*

Apocalypse 12. 7 « Et il y eut guerre dans le ciel. Michel et ses anges combattirent contre le dragon. Et le dragon et ses anges combattirent, 12.8 mais ils ne furent pas les plus forts, et leur place ne fut plus trouvée dans le ciel. 12.9 Et il fut précipité, le grand dragon, le serpent ancien, appelé le diable et Satan, celui qui séduit toute la terre, il fut précipité sur la terre, et ses anges furent précipités avec lui. 12.10 Et j'entendis dans le ciel une voix forte qui disait: Maintenant le salut est arrivé, et la puissance, et le règne de notre Dieu, et l'autorité de son Christ; car il a été précipité, l'accusateur de nos frères, celui qui les accusait devant notre Dieu jour et nuit. 12.11 Ils l'ont vaincu à cause du sang de l'agneau et à cause de la parole de leur témoignage, et ils n'ont pas aimé leur vie jusqu'à craindre la mort. 12.12 C'est pourquoi réjouissez-vous, cieux, et vous qui habitez dans les cieux. Malheur à la terre et à la mer ! Car le diable est descendu vers vous, animé d'une grande colère, sachant qu'il a peu de temps. »

5- *Guerre sur la terre*

Apocalypse « 12.13 Quand le dragon vit qu'il avait été précipité sur la terre, il poursuivit la femme qui avait enfanté l'enfant mâle. 12.14 Et les deux ailes du grand aigle furent données à la femme, afin qu'elle s'envolât au désert, vers son lieu, où elle est nourrie un temps, des temps, et la moitié d'un temps, loin de la face du serpent. 12.15 Et, de sa bouche, le serpent lança de l'eau comme un fleuve derrière la femme, afin de l'entraîner par le fleuve. 12.16 Et la terre secourut la femme, et la terre ouvrit sa bouche et engloutit le fleuve que le dragon avait lancé de sa bouche. 12.17 Et le dragon fut irrité contre la femme, et il s'en alla faire la guerre au reste de sa postérité, à ceux qui gardent les commandements de Dieu et qui ont le témoignage de Jésus. »

6- La bête sortant de la Mer

Apocalypse « 13.1 Et il se tint sur le sable de la mer. Puis je vis monter de la mer une bête qui avait dix cornes et sept têtes, et sur ses cornes dix diadèmes, et sur ses têtes des noms de blasphème. 13.2 La bête que je vis était semblable à un léopard; ses pieds étaient comme ceux d'un ours, et sa gueule comme une gueule de lion. Le dragon lui donna sa puissance, et son trône, et une grande autorité. 13.3 Et je vis l'une de ses têtes comme blessée à mort; mais sa blessure mortelle fut guérie. Et toute la terre était dans l'admiration derrière la bête.13.4 Et ils adorèrent le dragon, parce qu'il avait donné l'autorité à la bête; ils adorèrent la bête, en disant: Qui est semblable à la bête, et qui peut combattre contre elle? 13.5 Et il lui fut donné une bouche qui proférait des paroles arrogantes et des blasphèmes; et il lui fut donné le pouvoir d'agir pendant quarante-deux mois. 13.6 Et elle ouvrit sa bouche pour proférer des blasphèmes contre Dieu, pour blasphémer son nom, et son tabernacle, et ceux qui habitent dans le ciel. 13.7 Et il lui fut donné de faire la guerre aux saints, et de les vaincre. Et il lui fut donné autorité sur toute tribu, tout peuple, toute langue, et toute nation. 13.8 Et tous les habitants de la terre l'adoreront, ceux dont le nom n'a pas été écrit dès la fondation du monde dans le livre de vie de l'agneau qui a été immolé. 13.9 Si quelqu'un a des oreilles, qu'il entende! 13.10 Si quelqu'un mène en captivité, il ira en captivité; si quelqu'un tue par l'épée, il faut qu'il soit tué par l'épée. C'est ici la persévérance et la foi des saints. »

7- La bête sortant de la terre

Apocalypse « 13.11 Puis je vis monter de la terre une autre bête, qui avait deux cornes semblables à celles d'un agneau, et qui parlait comme un dragon. 13.12 Elle exerçait toute l'autorité de la première bête en sa présence, et elle faisait que la terre et ses habitants adoraient la première bête, dont la blessure mortelle avait été guérie. 13.13 Elle opérait de grands prodiges, même jusqu'à faire descendre du feu du ciel sur la terre, à la vue des hommes. 13.14 Et elle séduisait les habitants de la terre par les prodiges qu'il lui était donné d'opérer en présence de la bête, disant aux habitants de la terre de faire une image à la bête qui avait la blessure de l'épée et qui vivait. 13.15 Et il lui fut donné d'animer l'image de la bête, afin que l'image de la bête parlât, et qu'elle fît que tous ceux qui n'adoreraient pas l'image de la bête fussent tués. 13.16 Et elle fit que tous, petits et grands, riches et pauvres, libres et esclaves, reçussent une marque sur leur main droite ou sur leur front, 13.17 Et que personne ne pût acheter ni vendre, sans avoir la marque, le nom de la bête ou le nombre de son nom. 13.18 C'est ici la sagesse. Que celui qui a de l'intelligence calcule le nombre de la bête. Car c'est un nombre d'homme, et son nombre est six cent soixante-six. »

8- Les 144 000

Apocalypse « 14.1 Je regardai, et voici, l'agneau se tenait sur la montagne de Sion, et avec lui cent quarante-quatre mille personnes, qui avaient son nom et le nom de son Père écrits sur leurs fronts. 14.2 Et j'entendis du ciel une voix, comme un bruit de grosses eaux, comme le bruit d'un grand tonnerre; et la voix que j'entendis était comme celle de joueurs de harpes jouant de leurs harpes. 14.3 Et ils chantaient un cantique nouveau devant le trône, et devant les quatre êtres vivants et les vieillards. Et personne ne pouvait apprendre le cantique, si ce n'est les cent quarante-quatre mille, qui avaient été rachetés de la terre. 14.4 Ce sont ceux qui ne se sont pas souillés avec des femmes, car ils sont vierges; ils suivent l'agneau partout où il va. Ils ont été rachetés d'entre les hommes, comme des prémices pour Dieu et pour l'agneau; 14.5 et dans leur bouche il ne s'est point trouvé de mensonge, car ils sont irrépréhensibles. »

9- La grande prostituée ou l'église de l'apostasie

Apocalypse « 17.1 Puis un des sept anges qui tenaient les sept coupes vint, et il m'adressa la parole, en disant: Viens, je te montrerai le jugement de la grande prostituée qui est assise sur les grandes eaux. 17.2 C'est avec elle que les rois de la terre se sont livrés à l'impudicité, et c'est du vin de son impudicité que les habitants de la terre se sont enivrés. 17.3 Il me transporta en esprit dans un désert. Et je vis une femme assise sur une bête écarlate, pleine de noms de blasphème, ayant sept têtes et dix cornes. 17.4 Cette femme était vêtue de pourpre et d'écarlate, et parée d'or, de pierres précieuses et de perles. Elle tenait dans sa main une coupe d'or, remplie d'abominations et des impuretés de sa prostitution. 17.5 Sur son front était écrit un nom, un mystère: Babylone la grande, la mère des impudiques et des abominations de la terre. 17.6 Et je vis cette femme ivre du sang des saints et du sang des témoins de Jésus. Et, en la voyant, je fus saisi d'un grand étonnement. »

10- La grande prostituée est détruite

Apocalypse « 17.7 Et l'ange me dit: Pourquoi t'étonnes-tu? Je te dirai le mystère de la femme et de la bête qui la porte, qui a les sept têtes et les dix cornes. 17.8 La bête que tu as vue était, et elle n'est plus. Elle doit monter de l'abîme, et aller à la perdition. Et les habitants de la terre, ceux dont le nom n'a pas été écrit dès la fondation du monde dans le livre de vie, s'étonneront en voyant la bête, parce qu'elle était, et qu'elle n'est plus, et qu'elle reparaîtra. - 17.9 C'est ici l'intelligence qui a de la sagesse. - Les sept têtes sont sept montagnes, sur lesquelles la femme est assise. 17.10 Ce sont aussi sept rois: cinq sont tombés, un existe, l'autre n'est pas encore venu, et quand il sera venu, il doit rester peu de temps. 17.11 Et la bête qui était, et qui n'est plus, est elle-même un huitième roi, et elle est du nombre des sept, et elle va à la perdition. 17.12 Les dix cornes que tu as vues sont dix rois, qui n'ont pas encore reçu de royaume, mais qui reçoivent autorité comme rois pendant une heure avec la bête. 17.13 Ils ont un même dessein, et ils donnent leur puissance et leur autorité à la bête. 17.14 Ils combattront contre l'agneau, et l'agneau les vaincra, parce qu'il est le Seigneur des seigneurs et le Roi des rois, et les appelés, les élus et les fidèles qui sont avec lui les vaincront aussi. 17.15 Et il me dit: Les eaux que tu as vues, sur lesquelles la prostituée est assise, ce sont des peuples, des foules, des nations, et des langues. 17.16 Les dix cornes que tu as vues et la bête haïront la prostituée, la dépouilleront et la mettront à nu, mangeront ses chairs, et la consumeront par le feu. 17.17 Car Dieu a mis dans leurs cœurs d'exécuter son dessein et d'exécuter un même dessein, et de donner leur royauté à la bête, jusqu'à ce que les paroles de Dieu soient accomplies.17.18 Et la femme que tu as vue, c'est la grande ville qui a la royauté sur les rois de la terre. »

C-[2ème CATEGORIE : LES CHOSES QUI DOIVENT ARRIVER…]

C'est ici que nous devons nous concentrer et examiner les évènements ultérieurs ou annonciateurs de la seconde venue. Les récits de ce livre sont des visions qui doivent s'accomplir, non dans les rêves mais dans le physique. Jésus ne revient pas dans les rêves, *'tout œil le verra'. Matthieu 24.6 « Vous entendrez parler de guerres et de bruits de guerres: gardez-vous d'être troublés, car il faut que ces choses arrivent. Mais ce ne sera pas encore la fin. 24.7 Une nation s'élèvera contre une nation, et un royaume contre un royaume, et il y aura, en divers lieux, des famines et des tremblements de terre. 24.8 Tout cela ne sera que le commencement des douleurs. »* Il y aura des douleurs atroces, rien qui dépasse ce qui est décrit ici n'est encore survenu, mais les gens nous disent qu'il est à la porte. Croirez-vous à la véracité de la Parole de Dieu ou aux faux prophètes ?

1- Le livre scellé

Apocalypse « 5.1 Puis je vis dans la main droite de celui qui était assis sur le trône un livre écrit en dedans et en dehors, scellé de sept sceaux. 5.2 Et je vis un ange puissant, qui criait d'une voix forte: Qui est digne d'ouvrir le livre, et d'en rompre les sceaux? 5.3 Et personne dans le ciel, ni sur la terre, ni sous la terre, ne put ouvrir le livre ni le regarder. 5.4 Et je pleurai beaucoup de ce que personne ne fut trouvé digne d'ouvrir le livre ni de le regarder. 5.5 Et l'un des vieillards me dit: Ne pleure point; voici, le lion de la tribu de Juda, le rejeton de David, a vaincu pour ouvrir le livre et ses sept sceaux. 5.6 Et je vis, au milieu du trône et des quatre êtres vivants et au milieu des vieillards, un agneau qui était là comme immolé. Il avait sept cornes et sept yeux, qui sont les sept esprits de Dieu envoyés par toute la terre. 5.7 Il vint, et il prit le livre de la main droite de celui qui était assis sur le trône. 5.8 Quand il eut pris le livre, les quatre êtres vivants et les vingt-quatre vieillards se prosternèrent devant l'agneau, tenant chacun une harpe et des coupes d'or remplies de parfums, qui sont les prières des saints. 5.9 Et ils chantaient un cantique nouveau, en disant: Tu es digne de prendre le livre, et d'en ouvrir les sceaux; car tu as été immolé, et tu as racheté pour Dieu par ton sang des hommes de toute tribu, de toute langue, de tout peuple, et de toute nation; 5.10 tu as fait d'eux un royaume et des sacrificateurs pour notre Dieu, et ils régneront sur la terre. 5.11 Je regardai, et j'entendis la voix de beaucoup d'anges autour du trône et des êtres vivants et des vieillards, et leur nombre était des myriades de myriades et des milliers de milliers. 5.12 Ils disaient d'une voix forte: L'agneau qui a été immolé est digne de recevoir la puissance, la richesse, la sagesse, la force, l'honneur, la gloire, et la louange. 5.13 Et toutes les créatures qui sont dans le ciel, sur la terre, sous la terre, sur la mer, et tout ce qui s'y trouve, je les entendis qui disaient: A celui qui est assis sur le trône, et à l'agneau, soient la louange, l'honneur, la gloire, et la force, aux siècles des siècles! 5.14 Et les quatre êtres vivants disaient: Amen! Et les vieillards se prosternèrent et adorèrent. »

2- *Ouverture des sept sceaux*

a- Premier sceau

Apocalypse « 6.1 Je regardai, quand l'agneau ouvrit un des sept sceaux, et j'entendis l'un des quatre êtres vivants qui disait comme d'une voix de tonnerre: Viens. 6.2 Je regardai, et voici, parut un cheval blanc. Celui qui le montait avait un arc; une couronne lui fut donnée, et il partit en vainqueur et pour vaincre. »

b- Deuxième sceau

Apocalypse « 6.3 Quand il ouvrit le second sceau, j'entendis le second être vivant qui disait: Viens. 6.4 Et il sortit un autre cheval, roux. Celui qui le montait reçut le pouvoir d'enlever la paix de la terre, afin que les hommes s'égorgeassent les uns les autres; et une grande épée lui fut donnée. » Que les fils du malin cessent d'embarquer les gens dans les … *'jésus est à la porte'*. Est-ce que ce que décrit l'ouverture du deuxième sceau est déjà arrivé ? Non !

c- Troisième sceau

Apocalypse « 6.5 Quand il ouvrit le troisième sceau, j'entendis le troisième être vivant qui disait: Viens. Je regardai, et voici, parut un cheval noir. Celui qui le montait tenait une balance dans sa main. 6.6 Et j'entendis au milieu des quatre êtres vivants une voix qui disait: Une mesure de blé pour un denier, et trois mesures d'orge pour un denier; mais ne fais point de mal à l'huile et au vin. »

d- Quatrième sceau

Apocalypse « 6.7 Quand il ouvrit le quatrième sceau, j'entendis la voix du quatrième être vivant qui disait: Viens. 6.8 Je regardai, et voici, parut un cheval d'une couleur pâle. Celui qui le montait se nommait la mort, et le séjour des morts l'accompagnait. Le pouvoir leur fut donné sur le quart de la terre, pour faire périr les hommes par l'épée, par la famine, par la mortalité, et par les bêtes sauvages de la terre. »

Est-ce que réellement le quatrième sceau est déjà ouvert ? Non ! Certains me diront que le Corona a été très douloureux, je dirais qu'il n'a pas été à la dimension de ce que Dieu compte faire.

e- Cinquième sceau

Apocalypse « 6.9 Quand il ouvrit le cinquième sceau, je vis sous l'autel les âmes de ceux qui avaient été immolés à cause de la parole de Dieu et à cause du témoignage qu'ils avaient rendu. 6.10 Ils crièrent d'une voix forte, en disant: Jusques à quand, Maître saint et véritable, tardes-tu à juger, et à tirer vengeance de notre sang sur les habitants de la terre ? 6.11 Une robe blanche fut donnée à chacun d'eux; et il leur fut dit de se tenir en repos quelque temps encore, jusqu'à ce que fût complet le nombre de leurs compagnons de service et de leurs frères qui devaient être mis à mort comme eux. »

f- Sixième sceau

Apocalypse « 6.12 Je regardai, quand il ouvrit le sixième sceau; et il y eut un grand tremblement de terre, le soleil devint noir comme un sac de crin, la lune entière devint comme du sang, 6.13 et les étoiles du ciel tombèrent sur la terre, comme lorsqu'un figuier secoué par un vent violent jette ses figues vertes. 6.14 Le ciel se retira comme un livre qu'on roule; et toutes les montagnes et les îles furent remuées de leurs places. »

Est-ce que ce qui est décrit ici concernant l'ouverture de ce sixième sceau est déjà arrivé ? Non ! Si oui les survivants auraient des étoiles qu'ils ont ramassées et gardées dans leurs domiciles comme souvenir. Voilà que les rois de la terre sont chacun encore assis paisiblement sur leurs trônes.

« 6.15 Les rois de la terre, les grands, les chefs militaires, les riches, les puissants, tous les esclaves et les hommes libres, se cachèrent dans les cavernes et dans les rochers des montagnes. 6.16 Et ils disaient aux montagnes et aux rochers: Tombez sur nous, et cachez nous devant la face de celui qui est assis sur le trône, et devant la colère de l'agneau; 6.17 car le grand jour de sa colère est venu, et qui peut subsister? »

- ***144 000 des Fils d'Israël***

Apocalypse « 7.1 Après cela, je vis quatre anges debout aux quatre coins de la terre; ils retenaient les quatre vents de la terre, afin qu'il ne soufflât point de vent sur la terre, ni sur la mer, ni sur aucun arbre. 7.2 Et je vis un autre ange, qui montait du côté du soleil levant, et qui tenait le sceau du Dieu vivant; il cria d'une voix forte aux quatre anges à qui il avait été donné de faire du mal à la terre et à la mer, et il dit: 7.3 Ne faites point de mal à la terre, ni à la mer, ni aux arbres, jusqu'à ce que nous ayons marqué du sceau le front des serviteurs de notre Dieu. 7.4 Et j'entendis le nombre de ceux qui avaient été marqués du sceau, cent quarante-quatre mille, de toutes les tribus des fils d'Israël: 7.5 de la tribu de Juda, douze mille marqués du sceau; de la tribu de Ruben, douze mille; de la tribu de

Gad, douze mille; 7.6 de la tribu d'Aser, douze mille; de la tribu de Nephthali, douze mille; de la tribu de Manassé, douze mille; 7.7 de la tribu de Siméon, douze mille; de la tribu de Lévi, douze mille; de la tribu d'Issacar, douze mille; 7.8 de la tribu de Zabulon, douze mille; de la tribu de Joseph, douze mille; de la tribu de Benjamin, douze mille marqués du sceau. » Je me souviens bien qu'au début de leur entrée au Cameroun les témoins de Jéhovah disaient que ces cent quarante-quatre mille étaient parmi eux les témoins d'un dieu sans valeur. Aujourd'hui ils sont même fatigués de prédire le retour du Christ. Ils prêchent même déjà au nom de Jésus pour emmener les gens dans leurs synagogues de vampirisme. Ils n'ont pas tort, leur *bible* est un modèle de falsification et d'outrage à l'Eternel.

- ***Grande multitude des gentils***

Apocalypse « 7.9 Après cela, je regardai, et voici, il y avait une grande foule, que personne ne pouvait compter, de toute nation, de toute tribu, de tout peuple, et de toute langue. Ils se tenaient devant le trône et devant l'agneau, revêtus de robes blanches, et des palmes dans leurs mains. 7.10 Et ils criaient d'une voix forte, en disant: Le salut est à notre Dieu qui est assis sur le trône, et à l'agneau. 7.11 Et tous les anges se tenaient autour du trône et des vieillards et des quatre êtres vivants; et ils se prosternèrent sur leur face devant le trône, et ils adorèrent Dieu, 7.12 en disant: Amen ! La louange, la gloire, la sagesse, l'action de grâces, l'honneur, la puissance, et la force, soient à notre Dieu, aux siècles des siècles ! Amen ! 7.13 Et l'un des vieillards prit la parole et me dit: Ceux qui sont revêtus de robes blanches, qui sont-ils, et d'où sont-ils venus ? 7.14 Je lui dis: Mon seigneur, tu le sais. Et il me dit: Ce sont ceux qui viennent de la grande tribulation;

ils ont lavé leurs robes, et ils les ont blanchies dans le sang de l'agneau. 7.15 C'est pour cela qu'ils sont devant le trône de Dieu, et le servent jour et nuit dans son temple. Celui qui est assis sur le trône dressera sa tente sur eux; 7.16 ils n'auront plus faim, ils n'auront plus soif, et le soleil ne les frappera point, ni aucune chaleur. 7.17 Car l'agneau qui est au milieu du trône les paîtra et les conduira aux sources des eaux de la vie, et Dieu essuiera toute larme de leurs yeux. »

g- *Septième sceau*

Apocalypse « 8.1 Quand il ouvrit le septième sceau, il y eut dans le ciel un silence d'environ une demi-heure. 8.2 Et je vis les sept anges qui se tiennent devant Dieu, et sept trompettes leur furent données. 8.3 Et un autre ange vint, et il se tint sur l'autel, ayant un encensoir d'or; on lui donna beaucoup de parfums, afin qu'il les offrît, avec les prières de tous les saints, sur l'autel d'or qui est devant le trône. 8.4 La fumée des parfums monta, avec les prières des saints, de la main de l'ange devant Dieu. 8.5 Et l'ange prit l'encensoir, le remplit du feu de l'autel, et le jeta sur la terre. Et il y eut des voix, des tonnerres, des éclairs, et un tremblement de terre. » Voilà, pour inaugurer le Jour des trompettes qui est une période de temps et non un jour de vingt-quatre heures, il faudra que des voix se fassent entendre sur toute la terre. Des voix qui font enfanter la biche, qui brisent les cèdres du Liban.

3- Les sept sonneries de trompettes

a- Première trompette

Si jusqu'ici vous ne comprenez pas, c'est que vous avez un problème ou alors vous êtes un problème pour la Vérité. Il faut que les trompettes sonnent jusqu'à sept fois et cela ne se fera pas en un clin d'œil.

- ***La fête de trompettes***

Lévitique 23.4 « Voici les fêtes de l'Eternel, les saintes convocations, que vous publierez à leurs temps fixes. » Lévitique 23.23 « L'Eternel parla à Moïse, et dit: 23.24 Parle aux enfants d'Israël, et dis: Le septième mois, le premier jour du mois, vous aurez un jour de repos, publié au son des trompettes, et une sainte convocation. 23.25 Vous ne ferez aucune œuvre servile, et vous offrirez à l'Eternel des sacrifices consumés par le feu. »
La fête des trompettes que les vrais Christiens et les enfants d'Israël célèbrent toutes les nouvelles lunes du septième mois divin annonce cette période future. Preuve que Dieu a tout planifié et il a révélé son plan dans les Ecrits quoique les gens prennent à la légère, stipulant que c'est pour les juifs. Jésus ne revient pas seulement pour les juifs, toutes les nations sont concernées que les gens le veuillent, le sachent ou pas. En effet, tout vrai enfant de Dieu est un Israélite ! *Apocalypse « 8.6 Et les sept anges qui avaient les sept trompettes se préparèrent à en sonner. 8.7 Le premier sonna de la trompette. Et il y eut de la grêle et du feu mêlés de sang, qui furent jetés sur la terre; et le tiers de la terre fut brûlé, et le tiers des arbres fut brûlé, et toute herbe verte fut brûlée. »* Il faut donc que les habitants de la terre s'attendent à tout ceci pour comprendre que le Messie est en voie de revenir. Est-ce que le fait que la Russie, l'Iran et la Corée du Nord menacent,

donne raison de prétendre que tout ceci est déjà arrivé et que le Seigneur est à la porte ?

b- Deuxième trompette

Apocalypse « 8.8 Le second ange sonna de la trompette. Et quelque chose comme une grande montagne embrasée par le feu fut jeté dans la mer ; et le tiers de la mer devint du sang, 8.9 et le tiers des créatures qui étaient dans la mer et qui avaient vie mourut, et le tiers des navires périt. » Ceux qui seront en vie à cette période vivront ce cataclysme en direct, sur un grand écran jamais conçu.

c- Troisième trompette

Apocalypse « 8.10 Le troisième ange sonna de la trompette. Et il tomba du ciel une grande étoile ardente comme un flambeau; et elle tomba sur le tiers des fleuves et sur les sources des eaux. 8.11 Le nom de cette étoile est Absinthe; et le tiers des eaux fut changé en absinthe, et beaucoup d'hommes moururent par les eaux, parce qu'elles étaient devenues amères. » Les firmes cinématographiques et les scénaristes d'Hollywood guidés par Satan, s'inspirent du livre d'Apocalypse tout le temps pour divertir le monde et faire croire que c'est de la science-fiction. Non ! Ce n'en est pas ! Ce sera du direct, du vrai…au vu et au su de tous ceux qui seront en vie.

d- Quatrième trompette

Apocalypse « 8.12 Le quatrième ange sonna de la trompette. Et le tiers du soleil fut frappé, et le tiers de la lune, et le tiers des étoiles, afin que le tiers en fût obscurci, et que le jour perdît un tiers de sa clarté, et la nuit de même. 8.13 Je regardai, et j'entendis un aigle qui volait au milieu du ciel, disant d'une voix forte: Malheur, malheur, malheur aux habitants de la terre, à cause des autres sons de la trompette des trois anges qui vont sonner! » Un avertissement solennel sera même donné malgré tout ce qui s'est déjà passé sur cette terre peuplée de sorciers qui ne se convertissent pas. Un aigle va parler aux habitants de la terre et chacun va l'entendre dans son dialecte. Quel miracle idiomatique ! Ce sera comme celui du jour de la pentecôte de l'an 31 à Jérusalem.

e- Cinquième trompette

La terre sera en ce moment peuplée de beaucoup trop de sorciers, ce que la Bible appelle Fils du malin, hypocrites, ivraie, etc., ceux-ci vont être tourmentés pendant cinq bons mois. C'est ce qui va se passer sur la terre. Dites-moi si c'est déjà arrivé ?

Apocalypse *« 9.1 Le cinquième ange sonna de la trompette. Et je vis une étoile qui était tombée du ciel sur la terre. La clef du puits de l'abîme lui fut donnée, 9.2 et elle ouvrit le puits de l'abîme. Et il monta du puits une fumée, comme la fumée d'une grande fournaise; et le soleil et l'air furent obscurcis par la fumée du puits. 9.3 De la fumée sortirent des sauterelles, qui se répandirent sur la terre; et il leur fut donné un pouvoir comme le pouvoir qu'ont les scorpions de la terre. 9.4 Il leur fut dit de ne point faire de mal à l'herbe de la terre, ni à aucune verdure, ni à aucun arbre, mais seulement aux hommes qui n'avaient pas le sceau de Dieu sur le front. 9.5 Il leur fut donné, non de les tuer, mais de les tourmenter pendant cinq mois; et le tourment qu'elles causaient était comme le tourment que cause le scorpion, quand il pique un homme. 9.6 En ces jours-là, les hommes chercheront la mort, et ils ne la trouveront pas; ils désireront mourir, et la mort fuira loin d'eux. 9.7 Ces sauterelles ressemblaient à des chevaux préparés pour le combat; il y avait sur leurs têtes comme des couronnes semblables à de l'or, et leurs visages étaient comme des visages d'hommes. 9.8 Elles avaient des cheveux comme des cheveux de femmes, et leurs dents étaient comme des dents de lions. 9.9 Elles avaient des cuirasses comme des cuirasses de fer, et le bruit de leurs ailes était comme un bruit de chars à plusieurs chevaux qui courent au combat. 9.10 Elles avaient des queues semblables à des scorpions et des aiguillons, et c'est dans leurs queues qu'était le pouvoir de faire du mal aux hommes pendant cinq mois. 9.11 Elles avaient sur elles comme roi l'ange de l'abîme, nommé en hébreu Abaddon, et en grec Apollyon. »*

Apocalypse « 9.12 Le premier malheur est passé. Voici il vient encore deux malheurs après cela. Vraiment ! Comprenez bien que tous ces gens qui vocifèrent sur les réseaux sociaux, les livres et sur internet au sujet du retour imminent de Jésus sont des photocopies de faux prophètes.

f- Sixième trompette

Apocalypse « 9.13 Le sixième ange sonna de la trompette. Et j'entendis une voix venant des quatre cornes de l'autel d'or qui est devant Dieu, 9.14 et disant au sixième ange qui avait la trompette: Délie les quatre anges qui sont liés sur le grand fleuve d'Euphrate. 9.15 Et les quatre anges qui étaient prêts pour l'heure, le jour, le mois et l'année, furent déliés afin qu'ils tuassent le tiers des hommes. 9.16 Le nombre des cavaliers de l'armée était de deux myriades de myriades: j'en entendis le nombre. 9.17 Et ainsi je vis les chevaux dans la vision, et ceux qui les montaient, ayant des cuirasses couleur de feu, d'hyacinthe, et de soufre. Les têtes des chevaux étaient comme des têtes de lions; et de leurs bouches il sortait du feu, de la fumée, et du soufre. 9.18 Le tiers des hommes fut tué par ces trois fléaux, par le feu, par la fumée, et par le soufre, qui sortaient de leurs bouches. 9.19 Car le pouvoir des chevaux était dans leurs bouches et dans leurs queues; leurs queues étaient semblables à des serpents ayant des têtes, et c'est avec elles qu'ils faisaient du mal. »

C'est ici la partie de la Parole de Dieu qui m'a le plus confirmé le cœur du sorcier. Les enfants de Dieu qui s'amusent avec la sorcellerie n'ont rien compris du Christianisme. Ils existent seulement dans le Royaume de Dieu. Les sorciers sont des démons incarnés, ils ne se convertissent pas, ils savent que leur condamnation est déjà prononcée. C'est pourquoi de leur vivant ils se moquent de notre Jésus et se permettent toute sorte d'abomination. *Apocalypse « 9.20 Les autres hommes qui ne furent pas tués par ces fléaux ne se repentirent pas des œuvres de leurs mains, de manière à ne point adorer les démons, et les idoles d'or, d'argent, d'airain, de pierre et de bois, qui ne peuvent ni voir, ni entendre, ni marcher; 9.21 et ils ne se repentirent pas de leurs meurtres, ni de leurs enchantements, ni de leur impudicité ni de leurs vols. »*

- ***Le petit livre***

Apocalypse « 10.1 Je vis un autre ange puissant, qui descendait du ciel, enveloppé d'une nuée; au-dessus de sa tête était l'arc-en-ciel, et son visage était comme le soleil, et ses pieds comme des colonnes de feu. 10.2 Il tenait dans sa main un petit livre ouvert. Il posa son pied droit sur la mer, et son pied gauche sur la terre; 10.3 et il cria d'une voix forte, comme rugit un lion. Quand il cria, les sept tonnerres firent entendre leurs voix. 10.4 Et quand les sept tonnerres eurent fait entendre leurs voix, j'allais écrire; et j'entendis du ciel une voix qui disait: Scelle ce qu'ont dit les sept tonnerres, et ne l'écris pas. 10.5 Et l'ange, que je voyais debout sur la mer et sur la terre, leva sa main droite vers le ciel, 10.6 et jura par celui qui vit aux siècles des siècles, qui a créé le ciel et les choses qui y sont, la terre et les choses qui y sont, et la mer et les choses qui y sont, qu'il n'y aurait plus de temps, 10.7 mais qu'aux jours de la voix du septième ange, quand il sonnerait de la trompette, le mystère de Dieu s'accomplirait, comme il l'a annoncé à ses serviteurs, les prophètes. 10.8 Et la voix, que j'avais entendue du ciel, me parla de nouveau, et dit: Va, prends le petit livre ouvert dans la main de l'ange qui se tient debout sur la mer et sur la terre. 10.9 Et j'allai vers l'ange, en lui disant de me donner le petit livre. Et il me dit: Prends-le, et avale-le; il sera amer à tes entrailles, mais dans ta bouche il sera doux comme du miel. 10.10 Je pris le petit livre de la main de l'ange, et je l'avalai; il fut dans ma bouche doux comme du miel, mais quand je l'eus avalé, mes entrailles furent remplies d'amertume. 10.11 Puis on me dit: Il faut que tu prophétises de nouveau sur beaucoup de peuples, de nations, de langues, et de rois. »

- ***Deux témoins***

Ce n’est pas fini, la période des trompettes, entre la sixième et la septième, nous voyons des évènements qui auront cours pendant quarante-deux mois. Et il faut que ces deux témoins prophétisent, soient tués et exposés pendant trois jours et demi à Jérusalem aux yeux des nations. Lesquelles nations seront des ennemis jurés de Dieu. N’est-ce pas cela qui commence à prendre racine en France, en Angleterre et dans beaucoup d'autres nations filles ? Lisez attentivement ce passage et dites-moi si un enfant de Dieu peut se réjouir de la mort des prophètes de Dieu. Ces habitants de la terre seront donc quel type de personnes si ce n'est la race de vipères. Ils sont déjà très nombreux de nos jours et pervertissent même les simples personnes car ils se sont accaparés de tous les biens de la terre.

Apocalypse « 11.1 On me donna un roseau semblable à une verge, en disant: Lève-toi, et mesure le temple de Dieu, l'autel, et ceux qui y adorent. 11.2 Mais le parvis extérieur du temple, laisse-le en dehors, et ne le mesure pas; car il a été donné aux nations, et elles fouleront aux pieds la ville sainte pendant quarante-deux mois. 11.3 Je donnerai à mes deux témoins le pouvoir de prophétiser, revêtus de sacs, pendant mille deux cent soixante jours. 11.4 Ce sont les deux oliviers et les deux chandeliers qui se tiennent devant le Seigneur de la terre. 11.5 Si quelqu'un veut leur faire du mal, du feu sort de leur bouche et dévore leurs ennemis; et si quelqu'un veut leur faire du mal, il faut qu'il soit tué de cette manière. 11.6 Ils ont le pouvoir de fermer le ciel, afin qu'il ne tombe point de pluie pendant les jours de leur prophétie; et ils ont le pouvoir de changer les eaux en sang, et de frapper la terre de toute espèce de plaie, chaque fois qu'ils le voudront.11.7 Quand ils auront achevé leur témoignage, la bête qui monte de l'abîme leur fera la guerre, les vaincra, et les tuera. 11.8 Et leurs cadavres seront sur la place de la grande ville, qui est appelée, dans un sens spirituel, Sodome et Égypte, là même où leur Seigneur a été crucifié. 11.9 Des hommes d'entre les peuples, les tribus, les langues, et les nations, verront leurs cadavres pendant trois jours et demi, et ils ne permettront pas que leurs cadavres soient mis dans un sépulcre. 11.10 Et à cause d'eux les habitants de la terre se réjouiront et seront dans l'allégresse, et ils s'enverront des présents les uns aux autres, parce que ces deux prophètes ont tourmenté les habitants de la terre. 11.11 Après les trois jours et demi, un esprit de vie, venant de Dieu, entra en eux, et ils se tinrent sur leurs pieds; et une grande crainte s'empara de ceux qui les voyaient. 11.12 Et ils entendirent du ciel une voix qui leur disait: Montez ici! Et ils montèrent au ciel dans la nuée; et leurs ennemis les virent. 1.13 A cette heure-là, il y eut un grand tremblement de terre, et la dixième partie de la ville, tomba; sept mille hommes furent tués dans ce tremblement de terre, et les autres furent effrayés et donnèrent gloire au Dieu du ciel. »

Apocalypse « 11.14 Le second malheur est passé. Voici, le troisième malheur vient bientôt. » Absolument vrai que notre Dieu promet et il donne, aussi longtemps que ces paroles restent écrites dans la Bible, le Seigneur ne reviendra que si elles se sont accomplies à la lettre.

g- Septième trompette

Apocalypse « 11.15 Le septième ange sonna de la trompette. Et il y eut dans le ciel de fortes voix qui disaient: Le royaume du monde est remis à notre Seigneur et à son Christ; et il régnera aux siècles des siècles. 11.16 Et les vingt-quatre vieillards, qui étaient assis devant Dieu sur leurs trônes, se prosternèrent sur leurs faces, et ils adorèrent Dieu, 11.17 en disant: Nous te rendons grâces, Seigneur Dieu Tout-Puissant, qui es, et qui étais, d'avoir saisi ta grande puissance et d'avoir pris possession de ton règne. 11.18 Les nations se sont irritées; et ta colère est venue, et le temps est venu de juger les morts, de récompenser tes serviteurs, les prophètes, les saints et ceux qui craignent ton nom, les petits et les grands, et de détruire ceux qui détruisent la terre. 11.19 Et le temple de Dieu dans le ciel fut ouvert, et l'arche de son alliance apparut dans son temple. Et il y eut des éclairs, des voix, des tonnerres, un tremblement de terre, et une forte grêle. »

- ***Les trois Anges***

Dieu est amour, malgré tout ce que les méchants auront fait, le Seigneur Dieu prendra la peine de laisser que l'évangile leur soit prêché. C'est à cette occasion que les religieux catholiques, protestants, musulmans, bouddhistes, mormons, témoins de Jéhovah, toute cette mamaille de fausse piété auront le privilège d'écouter l'évangile réel et pur. Une mise en garde solennelle sera lancée aux habitants du monde par rapport à la marque de la bête que plusieurs ont déjà reçue à notre époque-ci. Apocalypse *« 14.6 Je vis un autre ange qui volait par le milieu du ciel, ayant un Évangile éternel, pour l'annoncer aux habitants de la terre, à toute nation, à toute tribu, à toute langue, et à tout peuple. 14.7 Il disait d'une voix forte: Craignez Dieu, et donnez-lui gloire, car l'heure de son jugement est venue; et adorez celui qui a fait le ciel, et la terre, et la mer, et les sources d'eaux. 14.8 Et un autre, un second ange suivit, en disant: Elle est tombée, elle est tombée, Babylone la grande, qui a abreuvé toutes les nations du vin de la fureur de son impudicité ! 14.9 Et un autre, un troisième ange les suivit, en disant d'une voix forte: Si quelqu'un adore la bête et son image, et reçoit une marque sur son front ou sur sa main, 14.10 il boira, lui aussi, du vin de la fureur de Dieu, versé sans mélange dans la coupe de sa colère, et il sera tourmenté dans le feu et le soufre, devant les saints anges et devant l'agneau. 14.11 Et la fumée de leur tourment monte aux siècles des siècles; et ils n'ont de repos ni jour ni nuit, ceux qui adorent la bête et son image, et quiconque reçoit la marque de son nom.* » « *14.12 C'est ici la persévérance des saints, qui gardent les commandements de Dieu et la foi de Jésus. 14.13 Et j'entendis du ciel une voix qui disait: Écris: Heureux dès à présent les morts qui meurent dans le Seigneur ! Oui, dit l'Esprit, afin qu'ils se reposent de leurs travaux, car leurs œuvres les suivent.* » C'est ici ce que le Seigneur nous a dit dans le livre de Matthieu. Matthieu 24.14 « *Cette bonne nouvelle du royaume sera prêchée dans le monde entier, pour servir de témoignage à toutes les nations. Alors viendra la fin.* » C'est par ignorance que les gens s'activent dans le monde, disant qu'ils veulent annoncer la bonne nouvelle pour précipiter la seconde venue de Jésus. Ceux qui enseignent cela dans les écoles bibliques en ligne gaspillent leur temps et leur énergie. Nous gagnons les âmes que Dieu a attirées vers son oint. C'est tout ! Et je crois que si les vrais serviteurs de Dieu comprennent cela, ils ne peuvent pas tomber dans l'activisme et la recherche de la quantité de croyants, oubliant la qualité.

- ***Jugement de la moisson***

Apocalypse « 14.14 Je regardai, et voici, il y avait une nuée blanche, et sur la nuée était assis quelqu'un qui ressemblait à un fils d'homme, ayant sur sa tête une couronne d'or, et dans sa main une faucille tranchante. 14.15 Et un autre ange sortit du temple, criant d'une voix forte à celui qui était assis sur la nuée: Lance ta faucille, et moissonne; car l'heure de moissonner est venue, car la moisson de la terre est mûre. 14.16 Et celui qui était assis sur la nuée jeta sa faucille sur la terre. Et la terre fut moissonnée. 14.17 Et un autre ange sortit du temple qui est dans le ciel, ayant, lui aussi, une faucille tranchante. 14.18 Et un autre ange, qui avait autorité sur le feu, sortit de l'autel, et s'adressa d'une voix forte à celui qui avait la faucille tranchante, disant: Lance ta faucille tranchante, et vendange les grappes de la vigne de la terre; car les raisins de la terre sont mûrs. 14.19 Et l'ange jeta sa faucille sur la terre. Et il vendangea la vigne de la terre, et jeta la vendange dans la grande cuve de la colère de Dieu. 14.20 Et la cuve fut foulée hors de la ville; et du sang sortit de la cuve, jusqu'aux mors des chevaux, sur une étendue de mille six cents stades. »

- ***Préparation pour le jugement du Calice***

La période des trompettes s'achève avec les trois malheurs, cependant il y a encore sept fléaux, ce n'est pas fini, il faut que la colère de Dieu soit complète. Et tout ceci se déroule à travers un certain nombre de temps indéfini mais connu et arrêté de notre Dieu omniscient et omnipotent. *Apocalypse « 15.1 Puis je vis dans le ciel un autre signe, grand et admirable: sept anges, qui tenaient sept fléaux, les derniers, car par eux s'accomplit la colère de Dieu. 15.2 Et je vis comme une mer de verre, mêlée de feu, et ceux qui avaient vaincu la bête, et son image, et le nombre de son nom, debout sur la mer de verre, ayant des harpes de Dieu. 15.3 Et ils chantent le cantique de Moïse, le serviteur de Dieu, et le cantique de l'agneau, en disant: Tes œuvres sont grandes et admirables, Seigneur Dieu Tout-Puissant! Tes voies sont justes et véritables, roi des nations! 15.4 Qui ne craindrait, Seigneur, et ne glorifierait ton nom ? Car seul tu es saint. Et toutes les nations viendront, et se prosterneront devant toi, parce que tes jugements ont été manifestés. 15.5 Après cela, je regardai, et le temple du tabernacle du témoignage fut ouvert dans le ciel. 15.6 Et les sept anges qui tenaient les sept fléaux sortirent du temple, revêtus d'un lin pur, éclatant, et ayant des ceintures d'or autour de la poitrine. 15.7 Et l'un des quatre êtres vivants donna aux sept anges sept coupes d'or, pleines de la colère du Dieu qui vit aux siècles des siècles. 15.8 Et le temple fut rempli de fumée, à cause de la gloire de Dieu et de sa puissance; et personne ne pouvait entrer dans le temple, jusqu'à ce que les sept fléaux des sept anges fussent accomplis. »*

4- Les sept fléaux qui restent à accomplir

a- Premier fléau

Apocalypse « 16.1 Et j'entendis une voix forte qui venait du temple, et qui disait aux sept anges: Allez, et versez sur la terre les sept coupes de la colère de Dieu. 16.2 Le premier alla, et il versa sa coupe sur la terre. Et un ulcère malin et douloureux frappa les hommes qui avaient la marque de la bête et qui adoraient son image. »

b- Deuxième fléau

Apocalypse « 16.3 Le second versa sa coupe dans la mer. Et elle devint du sang, comme celui d'un mort; et tout être vivant mourut, tout ce qui était dans la mer. »

c- Troisième fléau

Apocalypse « 16.4 Le troisième versa sa coupe dans les fleuves et dans les sources d'eaux. Et ils devinrent du sang. 16.5 Et j'entendis l'ange des eaux qui disait: Tu es juste, toi qui es, et qui étais; tu es saint, parce que tu as exercé ce jugement. 16.6 Car ils ont versé le sang des saints et des prophètes, et tu leur as donné du sang à boire: ils en sont dignes. 16.7 Et j'entendis l'autel qui disait: Oui, Seigneur Dieu tout puissant, tes jugements sont véritables et justes. »

d- Quatrième fléau

Apocalypse « 16.8 Le quatrième versa sa coupe sur le soleil. Et il lui fut donné de brûler les hommes par le feu; 16.9 et les hommes furent brûlés par une grande chaleur, et ils blasphémèrent le nom du Dieu qui a l'autorité sur ces fléaux, et ils ne se repentirent pas pour lui donner gloire. »

e- Cinquième fléau

Apocalypse « 16.10 Le cinquième versa sa coupe sur le trône de la bête. Et son royaume fut couvert de ténèbres; et les hommes se mordaient la langue de douleur, 16.11 et ils blasphémèrent le Dieu du ciel, à cause de leurs douleurs et de leurs ulcères, et ils ne se repentirent pas de leurs œuvres. »

f- Sixième fléau

Apocalypse « 16.12 Le sixième versa sa coupe sur le grand fleuve, l'Euphrate. Et son eau tarit, afin que le chemin des rois venant de l'Orient fût préparé. 16.13 Et je vis sortir de la bouche du dragon, et de la bouche de la bête, et de la bouche du faux prophète, trois esprits impurs, semblables à des grenouilles. 16.14 Car ce sont des esprits de démons, qui font des prodiges, et qui vont vers les rois de toute la terre, afin de les rassembler pour le combat du grand jour du Dieu tout puissant. 16.15 Voici, je viens comme un voleur. Heureux celui qui veille, et qui garde ses vêtements, afin qu'il ne marche pas nu et qu'on ne voie pas sa honte ! - 16.16 Ils les rassemblèrent dans le lieu appelé en hébreu Harmaguédon. »

g- Septième fléau

Apocalypse « 16.17 Le septième versa sa coupe dans l'air. Et il sortit du temple, du trône, une voix forte qui disait: C'en est fait ! 16.18 Et il y eut des éclairs, des voix, des tonnerres, et un grand tremblement de terre, tel qu'il n'y avait jamais eu depuis que l'homme est sur la terre, un aussi grand tremblement. 16.19 Et la grande ville fut divisée en trois parties, et les villes des nations tombèrent, et Dieu, se souvint de Babylone la grande, pour lui donner la coupe du vin de son ardente colère. 16.20 Et toutes les îles s'enfuirent, et les montagnes ne furent pas retrouvées. 16.21 Et une grosse grêle, dont les grêlons pesaient un talent, tomba du ciel sur les hommes; et les hommes blasphémèrent Dieu, à cause du fléau de la grêle, parce que ce fléau était très grand. » Tout ceci ne dit rien aux religieux, parce que Satan a remplacé les enseignements par la messe et les rencontres prophétiques. Les gens ne lisent pas la Bible, ils laissent les gourous lire à leur place.

- La grande prostituée

La grande prostituée, la grande église de contrefaçon sera jugée sévèrement, car c'est à travers elle que la grande majorité du monde a été séduite. Pour ceux qui se demandent de quelle église il s'agit. Je vous prie de comprendre que c'est la Mission catholique. Si vous avez des doutes passez au peigne fin leurs pratiques et comparez-les aux exigences bibliques, vous verrez que les deux pratiques sont diamétralement opposées. *Apocalypse « 17.1 Puis un des sept anges qui tenaient les sept coupes vint, et il m'adressa la parole, en disant: Viens, je te montrerai le jugement de la grande prostituée qui est assise sur les grandes eaux. 17.2 C'est avec elle que les rois de la terre se sont livrés à l'impudicité, et c'est du vin de son impudicité que les habitants de la terre se sont enivrés. 17.3 Il me transporta en esprit dans un désert. Et je vis une femme assise sur une bête écarlate, pleine de noms de blasphème, ayant sept têtes et dix cornes. 17.4 Cette femme était vêtue de pourpre et d'écarlate, et parée d'or, de pierres précieuses et de perles. Elle tenait dans sa main une coupe d'or, remplie d'abominations et des impuretés de sa prostitution. 17.5 Sur son front était écrit un nom, un mystère: Babylone la grande, la mère des impudiques et des abominations de la terre.*

17.6 Et je vis cette femme ivre du sang des saints et du sang des témoins de Jésus. Et, en la voyant, je fus saisi d'un grand étonnement. »

- ***La grande prostituée est détruite***

Nous voyons que c'est à cette étape que la grande prostituée, la grande église dite universelle ou catholique sera détruite. François n'est pas le dernier Pape comme veulent les spéculateurs sur les média sociaux. La papauté existera jusqu'à cette époque future où Dieu détruira les leaders. Tout son clergé sera éliminé sans oublier ses églises filles. Les faux ouvriers de toutes ces églises de contrefaçon qui pullulent dans le monde seront détruits. *Apocalypse « 17.7 Et l'ange me dit: Pourquoi t'étonnes-tu ? Je te dirai le mystère de la femme et de la bête qui la porte, qui a les sept têtes et les dix cornes. 17.8 La bête que tu as vue était, et elle n'est plus. Elle doit monter de l'abîme, et aller à la perdition. Et les habitants de la terre, ceux dont le nom n'a pas été écrit dès la fondation du monde dans le livre de vie, s'étonneront en voyant la bête, parce qu'elle était, et qu'elle n'est plus, et qu'elle reparaîtra. - 17.9 C'est ici l'intelligence qui a de la sagesse. - Les sept têtes sont sept montagnes, sur lesquelles la femme est assise. 17.10 Ce sont aussi sept rois: cinq sont tombés, un existe, l'autre n'est pas encore venu, et quand il sera venu, il doit rester peu de temps. 17.11 Et la bête qui était, et qui n'est plus, est elle-même un huitième roi, et elle est du nombre des sept, et elle va à la perdition. 17.12 Les dix cornes que tu as vues sont dix rois, qui n'ont pas encore reçu de royaume, mais qui reçoivent autorité comme rois pendant une heure avec la bête. 17.13 Ils ont un même dessein, et ils donnent leur puissance et leur autorité à la bête. 17.14 Ils combattront contre l'agneau, et l'agneau les vaincra, parce qu'il est le Seigneur des seigneurs et le Roi des rois, et les appelés, les élus et les fidèles qui sont avec lui les vaincront aussi. 17.15 Et il me dit: Les eaux que tu as vues, sur lesquelles la prostituée est assise, ce sont des peuples, des foules, des nations, et des langues. 17.16 Les dix cornes que tu as vues et la bête haïront la prostituée, la dépouilleront et la mettront à nu, mangeront ses chairs, et la consumeront par le feu. 17.17 Car Dieu a mis dans leurs cœurs d'exécuter son dessein et d'exécuter un même dessein, et de donner leur royauté à la bête, jusqu'à ce que les paroles de Dieu soient accomplies. 17.18 Et la femme que tu as vue, c'est la grande ville qui a la royauté sur les rois de la terre. »*

- ***Babylone la grande est détruite***

Babylone ou Rome aussi détruite, car c'est la ville où réside la prostituée. Ville aux sept collines, mais qui par malheur, ne sont pas disposées comme les collines de Jérusalem : la ville du grand Roi. Les sept montagnes de Rome sont alignées d'un côté de la ville, alors que les sept montagnes de Jérusalem entourent la ville. Et c'est ainsi que l'Eternel campe autour de ceux qui le craignent. *Apocalypse « 18.1 Après cela, je vis descendre du ciel un autre ange, qui avait une grande autorité; et la terre fut éclairée de sa gloire. 18.2 Il cria d'une voix forte, disant: Elle est tombée, elle est tombée, Babylone la grande ! Elle est devenue une habitation de démons, un repaire de tout esprit impur, un repaire de tout oiseau impur et odieux, 18.3 parce que toutes les nations ont bu du vin de la fureur de son impudicité, et que les rois de la terre se sont livrés avec elle à l'impudicité, et que les marchands de la terre se sont enrichis par la puissance de son luxe. 18.4 Et j'entendis du ciel une autre voix qui disait: Sortez du milieu d'elle, mon peuple, afin que vous ne participiez point à ses péchés, et que vous n'ayez point de part à ses fléaux. 18.5 Car ses péchés se sont accumulés jusqu'au ciel, et Dieu s'est souvenu de ses iniquités. 18.6 Payez-la comme elle a payé, et rendez-lui au double selon ses œuvres. Dans la coupe où elle a versé, versez-lui au double. 18.7 Autant elle s'est glorifiée et plongée dans le luxe, autant donnez-lui de tourment et de deuil. Parce qu'elle dit en son cœur: Je suis assise en reine, je ne suis point veuve, et je ne verrai point de deuil, 18.8 à cause de cela, en un même jour, ses fléaux arriveront, la mort, le deuil et la famine, et elle sera consumée par le feu. Car il est puissant, le Seigneur Dieu qui l'a jugée. »*

Pour le moment Babylone est toujours là en bonne et due forme. Elle continue à servir d'abri pour la grande prostituée. Ni la papauté ni la ville de Rome ne passeront avant que ce moment fatidique ne les surprenne.

- ***La terre pleure la destruction de Babylone***

C'est normal que par solidarité la terre fasse deuil sur la fin de sa puissante ville et sa puissante église. Eglise de toute sorte de trafics. Le trafic de corps et des âmes des hommes est le trafic le plus prisé et le plus juteux de tous les temps. C'est pour cela que pour prospérer avec le Diable il faut toujours sacrifier les humains : son propre sang *(ses parents, frères et sœurs, enfants, époux, épouse ou soi-même)* et si possible le sang de autres *(amis, collègues de travail, employés, clients dans le domaine du transport, membres de la congrégation religieuse ou de l'Association et connaissances). Apocalypse « 18.9 Et tous les rois de la terre, qui se sont livrés avec elle à l'impudicité et au luxe, pleureront et se lamenteront à cause d'elle, quand ils verront la fumée de son embrasement. 18.10 Se tenant éloignés, dans la crainte de son tourment, ils diront: Malheur ! Malheur ! La grande ville, Babylone, la ville puissante ! En une seule heure est venu ton jugement ! 18.11 Et les marchands de la terre pleurent et sont dans le deuil à cause d'elle, parce que personne n'achète plus leur cargaison, 18.12 cargaison d'or, d'argent, de pierres précieuses, de perles, de fin lin, de pourpre, de soie, d'écarlate, de toute espèce de bois de senteur, de toute espèce d'objets d'ivoire, de toute espèce d'objets en bois très précieux, en airain, en fer et en marbre, 18.13 de cinnamome, d'aromates, de parfums, de myrrhe, d'encens, de vin, d'huile, de fine farine, de blé, de bœufs, de brebis, de chevaux, de chars, de corps et d'âmes d'hommes. 18.14 Les fruits que désirait ton âme sont allés loin de toi; et toutes les choses délicates et magnifiques sont perdues pour toi, et tu ne les retrouveras plus. 18.15 Les marchands de ces choses, qui se sont enrichis par elle, se tiendront éloignés, dans la crainte de son tourment; ils pleureront et seront dans le deuil, 18.16*

Et diront: Malheur ! Malheur ! La grande ville, qui était vêtue de fin lin, de pourpre et d'écarlate, et parée d'or, de pierres précieuses et de perles ! En une seule heure tant de richesses ont été détruites ! 18.17 Et tous les pilotes, tous ceux qui naviguent vers ce lieu, les marins, et tous ceux qui exploitent la mer, se tenaient éloignés, 18.18 et ils s'écriaient, en voyant la fumée de son embrasement : Quelle ville était semblable à la grande ville ? 18.19 Ils jetaient de la poussière sur leurs têtes, ils pleuraient et ils étaient dans le deuil, ils criaient et disaient : Malheur ! Malheur ! La grande ville, où se sont enrichis par son opulence tous ceux qui ont des navires sur la mer, en une seule heure elle a été détruite ! »

- ***Le ciel se réjouit de la destruction de Babylone***

L'Eternel ne peut laisser les crimes sans punir. Dieu est juste et il a tout fait pour un but : même le jour du jugement pour les méchants. Le ciel se réjouira de la destruction de la ville de l'Antichrist. Chaque chose a une fin, c'est ici la fin de l'empire Babylonien.

Apocalypse « 18.20 Ciel, réjouis-toi sur elle ! Et vous, les saints, les apôtres, et les prophètes, réjouissez-vous aussi ! Car Dieu vous a fait justice en la jugeant. 18.21 Alors un ange puissant prit une pierre semblable à une grande meule, et il la jeta dans la mer, en disant: Ainsi sera précipitée avec violence Babylone, la grande ville, et elle ne sera plus trouvée. 18.22 Et l'on n'entendra plus chez toi les sons des joueurs de harpe, des musiciens, des joueurs de flûte et des joueurs de trompette, on ne trouvera plus chez toi aucun artisan d'un métier quelconque, on n'entendra plus chez toi le bruit de la meule, 18.23 la lumière de la lampe ne brillera plus chez toi, et la voix de l'époux et de l'épouse ne sera plus entendue chez toi, parce que tes marchands étaient les grands de la terre, parce que toutes les nations ont été séduites par tes enchantements, 18.24 Et parce qu'on a trouvé chez elle le sang des prophètes et des saints et de tous ceux qui ont été égorgés sur la terre. »

5- Apocalypse 19

Apocalypse « 19.1 Après cela, j'entendis dans le ciel comme une voix forte d'une foule nombreuse qui disait: Alléluia ! Le salut, la gloire, et la puissance sont à notre Dieu, 19.2 parce que ses jugements sont véritables et justes; car il a jugé la grande prostituée qui corrompait la terre par son impudicité, et il a vengé le sang de ses serviteurs en le redemandant de sa main. 19.3 Et ils dirent une seconde fois: Alléluia ! ...et sa fumée monte aux siècles des siècles. 19.4 Et les vingt-quatre vieillards et les quatre êtres vivants se prosternèrent et adorèrent Dieu assis sur le trône, en disant: Amen ! Alléluia ! 19.5 Et une voix sortit du trône, disant: Louez notre Dieu, vous tous ses serviteurs, vous qui le craignez, petits et grands ! 19.6 Et j'entendis comme une voix d'une foule nombreuse, comme un bruit de grosses eaux, et comme un bruit de forts tonnerres, disant: Alléluia ! Car le Seigneur notre Dieu Tout-Puissant est entré dans son règne. »

a- Souper des noces de l'Agneau

Apocalypse « 19.7 Réjouissons-nous et soyons dans l'allégresse, et donnons-lui gloire; car les noces de l'agneau sont venues, et son épouse s'est préparée, 19.8 et il lui a été donné de se revêtir d'un fin lin, éclatant, pur. Le fin lin, ce sont les œuvres justes des saints. 19.9 Et l'ange me dit: Écris: Heureux ceux qui sont appelés au festin des noces de l'agneau ! Et il me dit: Ces paroles sont les véritables paroles de Dieu. 19.10 Et je tombai à ses pieds pour l'adorer; mais il me dit: Garde-toi de le faire ! Je suis ton compagnon de service, et celui de tes frères qui ont le témoignage de Jésus. Adore Dieu. – Car le témoignage de Jésus est l'esprit de la prophétie. »

b- Seconde venue du Christ

Vous vous rendez compte que depuis que la septième trompette a sonné, ce n'est que maintenant que le Christ fait son retour. Il devait livrer un combat tant spirituel que physique contre les armées ennemies toutes catégories confondues. Satan inspire continuellement les chefs des gouvernements du monde à développer les armes de destruction massive pour préparer cette rencontre au sommet. Cette guerre sera annoncée par des trompettes et sa fin sera aussi célébrée au son des trompettes. C'est ce que nous les Christiens annonçons en fêtant le jour des trompettes, le premier du septième mois selon les prescriptions de notre Dieu. Apocalypse *« 19.11 Puis je vis le ciel ouvert, et voici, parut un cheval blanc. Celui qui le montait s'appelle Fidèle et Véritable, et il juge et combat avec justice. 19.12 Ses yeux étaient comme une flamme de feu; sur sa tête étaient plusieurs diadèmes; il avait un nom écrit, que personne ne connaît, si ce n'est lui-même; 19.13 Et il était revêtu d'un vêtement teint de sang. Son nom est la Parole de Dieu. 19.14 Les armées qui sont dans le ciel le suivaient sur des chevaux blancs, revêtues d'un fin lin, blanc, pur. 19.15 De sa bouche sortait une épée aiguë, pour frapper les nations; il les paîtra avec une verge de fer; et il foulera la cuve du vin de l'ardente colère du Dieu tout puissant. 19.16 Il avait sur son vêtement et sur sa cuisse un nom écrit: Roi des rois et*

Seigneur des seigneurs. 19.17 Et je vis un ange qui se tenait dans le soleil. Et il cria d'une voix forte, disant à tous les oiseaux qui volaient par le milieu du ciel: Venez, rassemblez-vous pour le grand festin de Dieu, 19.18 afin de manger la chair des rois, la chair des chefs militaires, la chair des puissants, la chair des chevaux et de ceux qui les montent, la chair de tous, libres et esclaves, petits et grands. 19.19 Et je vis la bête, et les rois de la terre, et leurs armées rassemblés pour faire la guerre à celui qui était assis sur le cheval et à son armée. 19.20 Et la bête fut prise, et avec elle le faux prophète, qui avait fait devant elle les prodiges par lesquels il avait séduit ceux qui avaient pris la marque de la bête et adoré son image. Ils furent tous les deux jetés vivants dans l'étang ardent de feu et de soufre. 19.21 Et les autres furent tués par l'épée qui sortait de la bouche de celui qui était assis sur le cheval; et tous les oiseaux se rassasièrent de leur chair. » C'est la fin des six mille ans du règne de l'Homme sous le pouvoir séducteur de Satan le père des méchants, des menteurs, des idolâtres et des rebelles. Les gouvernements tyranniques du monde disparaîtront. L'ONU et toute autre arène de commandement ou de décision dans le monde seront dissoutes. G20 – G35 – G50 ainsi de suite, toutes les autorités du monde seront dépouillées de leur pouvoir et anéanties.

c- En résumé

Matthieu 24.33 « De même, quand vous verrez toutes ces choses, sachez que le Fils de l'homme est proche, à la porte. » Jésus-Christ parlait d'avance ici des choses qui doivent arriver. Dieu a pris la peine de lui permettre de révéler tout cela à Jean. Alors je ne peux qu'interroger les faux prophètes : est-ce que tout ce qui suit dans ce résumé est déjà arrivé. Nous n'avons même pas vécu le centième et vous jacassez dans les oreilles du peuple de Dieu. Voici un sommaire de tous ces évènements qui, jusqu'à preuve de contraire, n'empêcheront pas que la mort ou l'enlèvement des Christiens se fasse à l'improviste pour les distraits. Tous ceux qui disent que le Seigneur est à la porte, veulent simplement nous certifier qu'ils ne sont pas des vrais serviteurs. Ou alors que le livre d'Apocalypse est un rêve mensonger et n'a pas sa place dans la Bible. L'Ecriture ne peut être anéantie comme je l'ai dit tantôt. Si nos propres visions de tous les temps s'accomplissent et des fois à la lettre, à plus forte raison celle de Jean, apôtre assermenté de Jésus-Christ. Il y encore du temps et du temps pour que le mal atteigne son paroxysme au milieu des habitants de la terre. Deux cent quatorze ans avec une marge de dix ans. Tous ces évènements que je vais récapituler ici vont se produire successivement dans les cieux, dans le ciel et sur la terre et affecteront toute l'humanité. Qui a déjà annoncé le futur comme notre Dieu ? Personne ! Il n'y a point de Dieu comme Jésus-Christ. Il y a de quoi donc psalmodier en l'honneur de l'Eternel car la louange sied **aux hommes droits. Car sa bienveillance dure à toujours !**

1. ***Apocalypse 5 : Le livre scellé***
2. ***Apocalypse 6 : Ouverture des sept sceaux***
3. ***Premier sceau***
4. ***Deuxième sceau***
5. ***Troisième sceau***
6. ***Quatrième sceau***
7. ***Cinquième sceau***
8. ***Sixième sceau***
9. ***Apocalypse 7 : 144 000 des Fils d'Israël***
10. ***Grande multitude des gentils***
11. ***Apocalypse 8 : Septième sceau***
12. ***Première trompette***
13. ***La fête de trompettes***
14. ***Deuxième trompette***
15. ***Troisième trompette***

[SUITE DES EVENEMENTS AU PROGRAMME]

1- Satan est lié pour mille ans

Pour que Christ règne comme prince de la Paix, il faut que celui qui sème le trouble et le désordre soit mis à la touche. Satan le petit dieu de ce monde sera lié et la terre sera expiée du séducteur, source du péché. Vous savez maintenant pourquoi l'Eternel a ordonné à ses enfants de fêter le jour des expiations. C'est le 10 du septième Mois de son calendrier. C'est pour annoncer ce moment exceptionnel où la terre toute entière ne sera plus sous l'influence de Satan. Le seul moment où la race des méchants ne se multipliera plus, les fils du malin pourront décider délibérément de connaître le Christ sans être sous la peur de Satan. Apocalypse « *20.1 Puis je vis descendre du ciel un ange, qui avait la clef de l'abîme et une grande chaîne dans sa main. 20.2 Il saisit le dragon, le serpent ancien, qui est le diable et Satan, et il le lia pour mille ans. 20.3 Il le jeta dans l'abîme, ferma et scella l'entrée au-dessus de lui, afin qu'il ne séduisît plus les nations, jusqu'à ce que les mille ans fussent accomplis. Après cela, il faut qu'il soit délié pour un peu de temps.* »

2- La Première Résurrection : Les saints règnent pendant mille ans

Le Christ règnera et dirigera la terre depuis Jérusalem, la ville sainte. C'est ici la résurrection des saints, pas de n'importe qui. Ceux qui croient que les saints c'est le pape et tous les sorciers déclarés saints par la mission catholique se mettent le doigt à l'œil. Les Babyloniens n'ont pas part à cette rencontre. Si tu es encore impliqué dans le catholicisme, le protestantisme et toutes ces fausses dénominations du petit jésus, et que tu n'es pas un sorcier, sort de là ! Parce que ces milieux sont appropriés aux sorciers, c'est leur lieu de trafic, tu n'as rien à faire là-bas. Au cas où tu continues à t'entêter, restes-y ! On verra ! C'est ici qu'on saura qui avait Jésus- Christ – Qui avait le Saint-Esprit - Qui ne l'avait pas – Qui était vrai ou faux serviteur – Qui avait engendré combien de personnes en Christ. C'est ici la tribune du bilan et de la graduation. C'est ici que les bons et fidèles serviteurs seront établis sur les quartiers, villages, villes groupements, régions, pays, continents pour gouverner les peuples avec le Christ. Apocalypse *« 20.4 Et je vis des trônes; et à ceux qui s'y assirent fut donné le pouvoir de juger. Et je vis les âmes de ceux qui avaient été décapités à cause du témoignage de Jésus et à cause de la parole de Dieu, et de ceux qui n'avaient pas adoré la bête ni son image, et qui n'avaient pas reçu la marque sur leur front et sur leur main. Ils revinrent à la vie, et ils régnèrent avec Christ pendant mille ans. 20.5 Les autres morts ne revinrent point à la vie jusqu'à ce que les mille ans fussent accomplis. C'est la première résurrection. 20.6 Heureux et saints ceux qui ont part à la première résurrection ! La seconde mort n'a point de pouvoir sur eux; mais ils seront sacrificateurs de Dieu et de Christ, et ils régneront avec lui pendant mille ans. »*

3- Satan est libéré pour séduire les Nations

Remarquez bien que pendant le règne de mille ans de Christ et de ses disciples, les nations existeront toujours, se multiplieront, mais pas comme avant, elles ne seront plus sous l'influence malicieuse de Satan. Les nations seront soumises aux enseignements de la parole de Dieu et la vie sera belle. Elles ne pourront pas se soustraire aux saintes doctrines car elles n'auront aucuns moyens de défense pour pouvoir abdiquer. Les nations charnelles seront gouvernées par des êtres spirituels. Vous comprenez le fossé dimensionnel. *Apocalypse 20.7 « Quand les mille ans seront accomplis, Satan sera relâché de sa prison. 20.8 Et il sortira pour séduire les nations qui sont aux quatre coins de la terre, Gog et Magog, afin de les rassembler pour la guerre; leur nombre est comme le sable de la mer. 20.9 Et ils montèrent sur la surface de la terre, et ils investirent le camp des saints et la ville bien-aimée. Mais un feu descendit du ciel, et les dévora. 20.10 Et le diable, qui les séduisait, fut jeté dans l'étang de feu et de soufre, où sont la bête et le faux prophète. Et ils seront tourmentés jour et nuit, aux siècles des siècles. »* Satan ne lâche pas le morceau : ceci nous édifie dans notre marche chrétienne, et nous emmène à comprendre quelle est la ténacité de notre adversaire, le diable. Si après mille ans de captivité, Satan est relâché, au lieu de renoncer à sa mission destructrice, il regroupe plutôt des adeptes pour combattre et avec pour objectif de renverser le gouvernement du Christ, c'est qu'il est véritablement méchant. Mais en même temps bête, idiot, insensé et aveuglé. C'est ce que je remarque au sujet de tous les sorciers qui le servent même à notre époque-ci.

4- Deuxième Résurrection et Jugement des Nations et fin du monde

La Bible nous confirme ici qu'il y aura une deuxième résurrection. Celle de tous ceux qui sont morts de toute manière sans connaître le Christ. Tous ces peuples qui ont vécu de l'antiquité biblique, qui vivent de nos jours sans Jésus-Christ ou ceux qui vivront dans le futur dans les mêmes conditions. Tous ces penseurs, théologiens et religieux du monde. Tous les musulmans, bouddhistes, animistes, athées, les morts nés, les bébés avortés etc., ça n'épargne personne étant donné que ça ne dépend de la volonté de personne, sauf de Dieu seul en tant que créateur. C'est le moment du jugement, et comme toute chose a une fin, à la fin du jugement les perdus iront à la perdition. Mais pour dire vrai, Dieu est amour et ce sera le moment pour toutes ces myriades des myriades de personnes d'entendre le vrai évangile et ce ne sont que ceux qui ne croiront pas qui seront jetés dans l'étang de feu. Ce n'est pas que Dieu leur donnera une seconde chance : Non ! Ce sera leur première foi d'entendre l'Evangile prêché par le Saint-Esprit. Et ils croiront, car ils seront redevenus charnels, ils seront baptisés et seront sauvés. Mais les sorciers, les fils du malin, les méchants diront comme leur père, Non ! Pour être clair, les musulmans simples et justes se convertiront en Christ, les musulmans sorciers diront non. Il en de même des adeptes de toutes les religions y compris le catholicisme, le protestantisme et tous les autres '*ismes*' qui croient au petit jésus. *Apocalypse 20.11 « Puis je vis un grand trône blanc, et celui qui était assis dessus. La terre et le ciel s'enfuirent devant sa face, et il ne fut plus trouvé de place pour eux. 20.12 Et je vis les morts, les grands et les petits, qui se tenaient devant le trône. Des livres furent ouverts. Et un autre livre fut ouvert, celui qui est le livre de vie. Et les morts furent jugés selon leurs œuvres, d'après ce qui était écrit dans ces livres. 20.13 La mer rendit les morts qui étaient en elle, la mort et le séjour des morts rendirent les morts qui étaient en eux; et chacun fut jugé selon ses œuvres. 20.14 Et la mort et le séjour des morts furent jetés dans l'étang de feu. C'est la seconde mort, l'étang de feu. 20.15 Quiconque ne fut pas trouvé écrit dans le livre de vie fut jeté dans l'étang de feu. »*

5- Dieu renouvelle toute chose

Dieu renouvelle toute chose à la fin des sept mille ans, une nouvelle ère sera inaugurée pour la vie éternelle. Je peux appeler cette période le huitième jour. Car il est prédit que la Résurrection du Christ, le 17 du mois de Nissan, ne fut pas un dimanche mais un Sabbat. Apocalypse *21.1 « Puis je vis un nouveau ciel et une nouvelle terre; car le premier ciel et la première terre avaient disparu, et la mer n'était plus.21.2 Et je vis descendre du ciel, d'auprès de Dieu, la ville sainte, la nouvelle Jérusalem, préparée comme une épouse qui s'est parée pour son époux. 21.3 Et j'entendis du trône une forte voix qui disait: Voici le tabernacle de Dieu avec les hommes ! Il habitera avec eux, et ils seront son peuple, et Dieu lui-même sera avec eux. 21.4 Il essuiera toute larme de leurs yeux, et la mort ne sera plus, et il n'y aura plus ni deuil, ni cri, ni douleur, car les premières choses ont disparu. 21.5 Et celui qui était assis sur le trône dit: Voici, je fais toutes choses nouvelles. Et il dit: Écris; car ces paroles sont certaines et véritables. 21.6 Et il me dit: C'est fait ! Je suis l'alpha et l'oméga, le commencement et la fin. A celui qui a soif je donnerai de la source de l'eau de la vie, gratuitement. 21.7 Celui qui vaincra héritera ces choses; je serai son Dieu, et il sera mon fils. 21.8 Mais pour les lâches, les incrédules, les abominables, les meurtriers, les impudiques, les enchanteurs, les idolâtres, et tous les menteurs, leur part sera dans l'étang ardent de feu et de soufre, ce qui est la seconde mort. 21.9 Puis un des sept anges qui tenaient les sept coupes remplies des sept derniers fléaux vint, et il m'adressa la parole, en disant: Viens, je te montrerai l'épouse, la femme de l'agneau. »*

6- La nouvelle Jérusalem

Apocalypse 21.10 « Et il me transporta en esprit sur une grande et haute montagne. Et il me montra la ville sainte, Jérusalem, qui descendait du ciel d'auprès de Dieu, ayant la gloire de Dieu. 21.11 Son éclat était semblable à celui d'une pierre très précieuse, d'une pierre de jaspe transparente comme du cristal. 21.12 Elle avait une grande et haute muraille. Elle avait douze portes, et sur les portes douze anges, et des noms écrits, ceux des douze tribus des fils d'Israël: 21.13 à l'orient trois portes, au nord trois portes, au midi trois portes, et à l'occident trois portes. 21.14 La muraille de la ville avait douze fondements, et sur eux les douze noms des douze apôtres de l'agneau. 21.15Celui qui me parlait avait pour mesure un roseau d'or, afin de mesurer la ville, ses portes et sa muraille. 21.16 La ville avait la forme d'un carré, et sa longueur était égale à sa largeur. Il mesura la ville avec le roseau, et trouva douze mille stades; la longueur, la largeur et la hauteur en étaient égales. 21.17 Il mesura la muraille, et trouva cent quarante-quatre coudées, mesure d'homme, qui était celle de l'ange. 21.18 La muraille était construite en jaspe, et la ville était d'or pur, semblable à du verre pur. 21.19 Les fondements de la muraille de la ville étaient ornés de pierres précieuses de toute espèce: le premier fondement était de jaspe, le second de saphir, le troisième de calcédoine, le quatrième d'émeraude, 21.20 le cinquième de sardonyx, le sixième de sardoine, le septième de chrysolithe, le huitième de béryl, le neuvième de topaze, le dixième de chrysoprase, le onzième d'hyacinthe, le douzième d'améthyste. 21.21 Les douze portes étaient douze perles; chaque porte était d'une seule perle. La place de la ville était d'or pur, comme du verre transparent. 21.22 Je ne vis point de temple dans la ville; car le Seigneur Dieu Tout-Puissant est son temple, ainsi que l'agneau. 21.23 La ville n'a besoin ni du soleil ni de la lune pour l'éclairer; car la gloire de Dieu l'éclaire, et l'agneau est son flambeau. 21.24 Les nations marcheront à sa lumière, et les rois de la terre y apporteront leur gloire. 21.25 Ses portes ne se fermeront point le jour, car là il n'y aura point de nuit. 21.26 On y apportera la gloire et l'honneur des nations. 21.27 Il n'entrera chez elle rien de souillé, ni personne qui se livre à l'abomination et au mensonge; il n'entrera que ceux qui sont écrits dans le livre de vie de l'agneau. »

7- La vie d'âge en âge dans la présence de Dieu

Apocalypse 22.1 « Et il me montra un fleuve d'eau de la vie, limpide comme du cristal, qui sortait du trône de Dieu et de l'agneau. 22.2 Au milieu de la place de la ville et sur les deux bords du fleuve, il y avait un arbre de vie, produisant douze fois des fruits, rendant son fruit chaque mois, et dont les feuilles servaient à la guérison des nations. 22.3 Il n'y aura plus d'anathème. Le trône de Dieu et de l'agneau sera dans la ville; ses serviteurs le serviront et verront sa face, 22.4 Et son nom sera sur leurs fronts. 22.5 Il n'y aura plus de nuit; et ils n'auront besoin ni de lampe ni de lumière, parce que le Seigneur Dieu les éclairera. Et ils régneront aux siècles des siècles.

Apocalypse 22.6 « Et il me dit: Ces paroles sont certaines et véritables; et le Seigneur, le Dieu des esprits des prophètes, a envoyé son ange pour montrer à ses serviteurs les choses qui doivent arriver bientôt. - 22.7 Et voici, je viens bientôt. -Heureux celui qui garde les paroles de la prophétie de ce livre ! 22.8 C'est moi Jean, qui ai entendu et vu ces choses. Et quand j'eus entendu et vu, je tombai aux pieds de l'ange qui me les montrait, pour l'adorer. 22.9 Mais il me dit: Garde-toi de le faire ! Je suis ton compagnon de service, et celui de tes frères les prophètes, et de ceux qui gardent les paroles de ce livre. Adore Dieu.

Apocalypse 22.10 « Et il me dit: Ne scelle point les paroles de la prophétie de ce livre. Car le temps est proche. 22.11 Que celui qui est injuste soit encore injuste, que celui qui est souillé se souille encore; et que le juste pratique encore la justice, et que celui qui est saint se sanctifie encore. 22.12 Voici, je viens bientôt, et ma rétribution est avec moi, pour rendre à chacun selon ce qu'est son œuvre. 22.13 Je suis l'alpha et l'oméga, le premier et le dernier, le commencement et la fin. 22.14 Heureux ceux qui lavent leurs robes, afin d'avoir droit à l'arbre de vie, et d'entrer par les portes dans la ville ! 22.15 Dehors les chiens, les enchanteurs, les impudiques, les meurtriers, les idolâtres, et quiconque aime et pratique le mensonge !

Apocalypse 22.16 « Moi, Jésus, j'ai envoyé mon ange pour vous attester ces choses dans les Églises. Je suis le rejeton et la postérité de David, l'étoile brillante du matin. 22.17 Et l'Esprit et l'épouse disent: Viens. Et que celui qui entend dise: Viens. Et que celui qui a soif vienne; que celui qui veut, prenne de l'eau de la vie, gratuitement. 22.18 Je le déclare à quiconque entend les paroles de la prophétie de ce livre: Si quelqu'un y ajoute Quelque chose, Dieu le frappera des fléaux décrits dans ce livre; 22.19 et si quelqu'un retranche quelque chose des paroles du livre de cette prophétie, Dieu retranchera sa part de l'arbre de la vie et de la ville sainte, décrits dans ce livre. 22.20 Celui qui atteste ces choses dit: Oui, je viens bientôt. Amen ! Viens, Seigneur Jésus ! 22.21 Que la grâce du Seigneur Jésus soit avec tous! »

8- Avez-vous des preuves contraires ?

Aucune ! Alors si vous n'avez aucune preuve contraire, faites un choix dès à présent. Choisissez Jésus-Christ pour vivre. Convertissez-vous au Christianisme réel et le peu de temps que vous avez encore à passer sur terre, vivez dans la crainte de Dieu, la fidélité, l'obéissance, l'observance des ordonnances et prescriptions du Seigneur. Le Seigneur vient toutes les minutes comme un voleur et emporte les Hommes. *A notre époque chacun doit marcher vers sa fin... Ce n'est pas encore le moment du départ collectif qui surprendra à coup sûr les incrédules ou les distraits.* La fin de chacun peut arriver à tout moment et n'importe où. Raison pour laquelle la Parole de Dieu nous demande de veiller, d'être prêts à tout instant. Car l'ange de mort peut nous visiter sous la demande de notre Seigneur de jour comme de nuit. *Daniel 12.13 « Et toi, marche vers ta fin; tu te reposeras, et tu seras debout pour ton héritage à la fin des jours. » Daniel 12.2 « Plusieurs de ceux qui dorment dans la poussière de la terre se réveilleront, les uns pour la vie éternelle, et les autres pour l'opprobre, pour la honte éternelle. 12.3 Ceux qui auront été intelligents brilleront comme la splendeur du ciel, et ceux qui auront enseigné la justice, à la multitude brilleront comme les Etoiles, à toujours et à perpétuité. »* La promesse du salut de Dieu reste en vigueur tant que cette terre n'est pas détruite. Et chacun doit saisir cette opportunité quand cela lui est donné pour connaître le Christ.

Il n'y a que les sorciers, ceux que la Bible appelle : les magiciens, les méchants, les fils du malin, la race de vipère, les hypocrites, les augures, les astrologues, les idolâtres, les infâmes, les faux prophètes, les ouvriers du malin et tous ceux qui se prostituent avec le diable qui ne se convertissent pas. Pour eux, leur sort est déjà scellé, ils le savent, ce n'est pas à ceux-là que je m'adresse, car même s'ils vont au baptême, ce sera pour se mouiller. *Daniel 12.10 « Plusieurs seront purifiés, blanchis et épurés; les méchants feront le mal et aucun des méchants ne comprendra, mais ceux qui auront de l'intelligence comprendront. »*

Ayez de l'intelligence pour comprendre que pour être disciple de Jésus-Christ il y a des conditions indiscutables, indéniables et inaliénables à remplir. Il faut être baptisé d'eau, et pas n'importe comment et n'importe où, encore moins par n'importe qui. *Matthieu 28.19 « Allez, faites de toutes les nations des disciples, les baptisant au nom du Père, du Fils et du Saint Esprit, 28.20 et enseignez-leur à observer tout ce que je vous ai prescrit. Et voici, je suis avec vous tous les jours, jusqu'à la fin du monde. »*

9- Le baptême d'eau Christien…

Le baptême d'eau Christien est la porte d'entrée du Royaume de Jésus-Christ. Ce baptême est prescrit par le Dieu des cieux et non par Jean le baptiste ni par Jésus-Christ. Ce qui veut dire que même le musulman qui prétend prier Dieu doit se faire baptiser par un vrai pasteur pour entrer dans le royaume de Dieu. A moins qu'Allah soit *un dieu.* C'est ce baptême qui lave les péchés et offre l'opportunité de recevoir le Saint-Esprit qui vient demeurer en un individu. C'est pourquoi il est unique en son genre. Ce baptême malgré les temps, les saisons, les circonstances et les espaces n'a jamais changé car il n'y a pas d'ombre de variation en l'Eternel. Donc ce que font les Catholiques et toutes leurs églises filles n'est que supercherie, telle mère telle fille. Une contrefaçon flagrante et perverse. Cela ne fait pas d'un individu un Christien. C'est sévère de le dire compte tenu la multitude qui suit ces boucs, mais c'est la vérité. « *Large est le chemin qui mène à la perdition.* » Pour devenir un vrai Christien, il faut être baptisé par un autre vrai Christien serviteur – Il doit vous baptiser dans un cours d'eau ou un point d'eau naturel *(un oasis, un lac et non dans une piscine ou une cuve qui sont des enceintes faites des mains d'hommes – Dieu ne se glorifie pas dans les choses faites des mains d'hommes. Si vous faites partie de cette catégorie de personnes, sachez que les fraudeurs ont fait de vous un crétin. Vous devez vous rebaptiser pour voir le Royaume de Dieu.)* – Il faut que votre baptême soit par immersion totale de votre corps dans l'eau. Lorsqu'une de ces conditions n'est pas remplie, le baptême n'est pas attesté aux cieux. C'est l'attestation du baptême par les cieux qui est important, car c'est aussi dans les cieux que le baptême déclenche la fête. Le baptême de Jean venait des cieux et non des Hommes. Ce baptême reste et demeure le même de générations en générations. L'Eglise de Jésus-Christ n'est pas *'le viens on reste, le concubinage ou un lieu de prostitution'* comme ce qui se passe de nos jours avec les sorciers autoproclamés pasteurs et prophètes. Nous assistons à un transfert de membres d'une dénomination à l'autre et non à une conversion au Christianisme.

La conversion au Christianisme est un transfert d'âme des ténèbres à l'admirable lumière du Christ. Vous devriez vous faire baptiser ou rebaptiser conformément aux Saintes Ecritures pour devenir des Christiens, *faire baptiser vos enfants, ils doivent aussi saisir cette opportunité dès le huitième jour après la naissance pour un mâle et le quinzième jour pour une femelle.* Il n'y a pas de restriction car la traversée de la Mer Rouge qui est le signe du baptême qui sauve, nous prouve que personne n'est resté du côté de l'Egypte. Tout le monde est passé par les eaux, même les animaux et les objets. Le dossier du Baptême d'eau est le plus important dans l'Eglise, même comme les sorciers acceptent par ruse pour s'infiltrer dans les Assemblées. Ils finissent toujours par être démasqués et chassés par les anges de Dieu lorsqu'on se sanctifie conformément aux Ecritures.

Actes 2.*38 « Pierre leur dit: Repentez-vous, et que chacun de vous soit baptisé au nom de Jésus-Christ, pour le pardon de vos péchés; et vous recevrez le don du Saint Esprit. 2.39 Car la promesse est pour vous, pour vos enfants, et pour tous ceux qui sont au loin, en aussi grand nombre que le Seigneur notre Dieu les appellera. 2.40 Et, par plusieurs autres paroles, il les conjurait et les exhortait, disant: Sauvez-vous de cette génération perverse. 2.41 Ceux qui acceptèrent sa parole furent baptisés; et, en ce jour-là, le nombre des disciples s'augmenta d'environ trois mille âmes. 2.42 Ils persévéraient dans l'enseignement des apôtres, dans la communion fraternelle, dans la fraction du pain, et dans les prières. »*

C'est pour tout le monde, Dieu n'a de considération de personne. Vous devez même vous rebaptiser si c'est possible et autant de fois si vous faites une chute. La Bible dit qu'il y a un seul baptême, c'est vrai, mais il faut que cet unique baptême soit le vrai. Les prêtres catholiques et protestants ainsi que les révérends sorciers égarés vous effraient en disant qu'on ne se baptise pas deux fois et pourtant ils ne vous ont même pas baptisés. Sortez du milieu d'eux et convertissez-vous ! La même Bible dit que le baptême c'est un ensevelissement - enterrement *(une plongée dans l'eau)* et une résurrection *(une sortie des eaux).* Vous avez déjà vu quel cadavre être placé debout dans un cimetière et on asperge une poignée de terre sur sa tête prétextant qu'on a enterré ? Mais c'est ce que font les religieux experts en contrefaçon au sujet du baptême d'eau. Je ne veux pas dire qu'ils ne connaissent pas la vérité ! Ils connaissent la vérité, mais comme ils sont du diable, ils ne peuvent pas l'appliquer, c'est tout. *Le véritable problème dans le monde aujourd'hui c'est que beaucoup de gens sincères cherchent Jésus-Christ, se battent pour se convertir, pour trouver une bonne église, mais ont peu de chance de la trouver car ils la cherchent au mauvais endroit.*

Cherchez Dieu dans la Bible et avec votre cœur, non votre cerveau, lui seul sonde les cœurs, il vous attirera vers son Fils et vous conduira vers un vrai serviteur. Les vrais serviteurs, il y en a partout disséminés dans le monde, mais leur nombre est insignifiant devant la pluie de faux ouvriers. Evitez d'avoir foi à n'importe quel esprit, éprouvez les esprits à la lumière de ce que dit la Bible. La meilleure façon de distinguer une vraie Assemblée Christienne d'une fausse c'est de toutes les déclarer fausses et laisser Dieu vous guider. Du moment où vous émettez du doute sur l'identité d'une personne qui se dit serviteur de Dieu, Dieu lui-même entre en scène pour trancher à votre avantage pour ne pas vous laisser commettre une faute lourde. Mais tel n'est pas le cas des gens de ce siècle, les gens aiment et félicitent tout ce qui bouge au nom de *'jésus.'* Oubliant qu'il y a plusieurs *'jésus'* mais un seul Jésus-Christ. Le *'jésus'*, né à Rome le 24 Décembre fait partie des stars de la pornographie et la démagogie séductrice, c'est un démon. Ceux qui le suivent savent pourquoi ils le suivent car plusieurs religieux sont des sorciers. La fausse piété ira toujours grandissante car les fils du malin, les méchants descendants de Caïn sont nombreux que les justes sur cette terre. *Apocalypse 3.20 « Voici, je me tiens à la porte, et je frappe. Si quelqu'un entend ma voix et ouvre la porte, j'entrerai chez lui, je souperai avec lui, et lui avec moi. »*

CONCLUSION

Si le seigneur est vraiment à la porte, qu'il entre ! Nous sommes prêts !

Pour donner une connotation de guérison divine à ce livre je voudrais le conclure par les notes de Luc, le Médecin bien-aimé. Pour que l'Eternel puisse guérir vos cœurs de toute impureté et qu'il y ait de la place pour Jésus-Christ. D'ailleurs Dieu a mis auparavant dans vos cœurs la pensée de l'éternité. Que cette semence soit arrosée, qu'elle germe et porte des fruits pour la moisson prochaine. *Luc 21.5 « Comme quelques-uns parlaient des belles pierres et des offrandes qui faisaient l'ornement du temple, Jésus dit: 21.6 Les jours viendront où, de ce que vous voyez, il ne restera pas pierre sur pierre qui ne soit renversée. 21.7 Ils lui demandèrent: Maître, quand donc cela arrivera-t-il, et à quel signe connaîtra-t-on que ces choses vont arriver ? »* La mise en garde au sujet e la séduction est solennelle, faites-vous partie des gens séduites par les faussaires ? *Luc 21.8 « Jésus répondit: Prenez garde que vous ne soyez séduits. Car plusieurs viendront en mon nom, disant: C'est moi, et le temps approche. Ne les suivez pas. »* La majorité des signes de la fin des temps n'est pas encore accompli ! Que les ouvriers trompeurs se taisent. Les deux guerres mondiales, les invasions Américaines, les conflits Ukraine-Russie, etc., sont des bruits de guerre, c'est minuscule devant ce que les Saintes Ecritures nous démontrent. *Luc 21.9 « Quand vous entendrez parler de guerres et de soulèvements, ne soyez pas effrayés, car il faut que ces choses arrivent premièrement. Mais ce ne sera pas encore la fin.21.10 Alors il leur dit: Une nation s'élèvera contre une nation, et un royaume contre un royaume; 21.11 il y aura de grands tremblements de terre, et, en divers lieux, des pestes et des famines; il y aura des phénomènes terribles, et de grands signes dans le ciel. »*

La Bible à tous les niveaux est claire, très claire même sur les grands signes et les évènements qui se produiront sur la terre et dans le ciel au vu et au su de tout le monde. Ce ne sera pas un rêve que les gens se lèveront pour raconter. *Luc 21.20 « Lorsque vous verrez Jérusalem investie par des armées, sachez alors que sa désolation est proche. 21.21 Alors, que ceux qui seront en Judée fuient dans les montagnes, que ceux qui seront au milieu de Jérusalem en sortent, et que ceux qui seront dans les champs n'entrent pas dans la ville. 21.22 Car ce seront des jours de vengeance, pour l'accomplissement de tout ce qui est écrit. 21.23 Malheur aux femmes qui seront enceintes et à celles qui allaiteront en ces jours-là! Car il y aura une grande détresse dans le pays, et de la colère contre ce peuple. 21.24 Ils tomberont sous le tranchant de l'épée, ils seront emmenés captifs parmi toutes les nations, et Jérusalem sera foulée aux pieds par les nations, jusqu'à ce que les temps des nations soient accomplies. 21.25 Il y aura des signes dans le soleil, dans la lune et dans les étoiles. Et sur la terre, il y aura de l'angoisse chez les nations qui ne sauront que faire, au bruit de la mer et des flots, 21.26 les hommes rendant l'âme de terreur dans l'attente de ce qui surviendra pour la terre; car les puissances des cieux seront ébranlées. »*

Jusqu'ici je ne vois rien de tout cela se produire, mais il viendra un temps où tout ceci arrivera. Je vous le dis à coup sûr, personne des plus de sept milliards d'habitants de cette terre actuellement ne sera encore en vie. Il y a encore du temps pour voir le Fils de l'homme venir sur une nuée avec puissance. Deux cent quatorze plus ou moins dix ans je vous l'atteste avec certitude. Et pour dire vrai les grands signes annonciateurs apparaîtront d'ici cent ans. Ce qui se passe dans le monde de nos jours n'est absolument rien à côté de ce que le livre de l'Apocalypse nous a servi dans un plateau en acier inoxydable. Il faut d'abord que le mal s'installe dans les cœurs des hommes, que les USA qui se disent nation la plus évangélique soit les plus trempée dans l'Œcuménisme, c'est pour cet objectif qu'un pape Américain vient d'être choisi. Un nouvel ordre mondial est en train de se dessiner à l'horizon annonçant ainsi le coup d'envoi d'une ère d'apostasie terrible. Il faut que des armes qui surpassent satan2 de la Russie soient inventées et prêtes pour combattre le Christ. Il faut d'abord que la foi en Jésus-Christ régresse de manière à ce que l'Eglise soit tiède. La tribulation dont la Bible parle et qui marque le début de ces évènements majeurs n'est même pas encore en route, les ouvriers trompeurs aboient. Il faut que la prédication de l'évangile soit même interdite dans beaucoup de pays du monde, que l'homosexualité soit officialisée dans tous les pays du monde, ne vous en faites pas cela se fera, l'O.N.U travaille en ce sens depuis des années. Il faut d'abord que l'amour de l'argent et la convoitise soient des prescriptions perpétuelles pour les Hommes. Il faut que le trafic d'âmes et la débauche sexuelle soient monnaie courante, que les dix commandements de Dieu soient interdits partout, que l'avortement soit récompensé dans plusieurs pays et non sanctionné ou interdit. Il faut une dépravation totale des mœurs et une haine manifeste à l'égard de la Loi de Dieu soit enseignée dans les écoles et collèges. Au regard de ce qui se passe dans le pays dits développés, avec des grands décideurs pervers, nous nous demandons si d'ici même cinquante ans il y aura encore la foi sur la terre et surtout aux USA, Canada, Australie, France etc. Voici que le monde de la musique, du sport, de la mode font rêver tous nos enfants qui ignorent que ces secteurs sans oublier d'autres sont ancrés dans la sodomie. Trouver du travail – Pratiquer un sport de haut niveau - avoir la promotion en entreprise – Faire des affaires – Intégrer des grandes écoles et autres secteurs d'activités deviennent de plus en plus conditionnés par la vente de son âme. Au Cameroun et en Afrique cela prend des proportions dangereuses et à grande vitesse : on parle de *'faire des manières, baisser sa culotte ou donner le derrière'*. Bref l'étau se resserre petit-à-petit autour des enfants de Dieu. C'est donc dire que si vous ne tenez pas très ferme, vous ne vaincrez pas. Le Christien doit avoir les yeux rivés sur le salut et nulle autre chose. Si vous êtes membre d'une dénomination et que vous êtes vraiment converti au Christianisme, c'est une très bonne chose. Mais sachez que vous avez entre vos mains votre destinée et que c'est l'obéissance et la fidélité aux principes de Dieu qui vous feront vaincre. *Luc 21.27 « Alors on verra le Fils de l'homme venant sur une nuée avec puissance et une grande gloire. 21.28 Quand ces choses commenceront à arriver, redressez-vous et levez vos têtes, parce que votre délivrance approche. »*

Luc 21.33 « Le ciel et la terre passeront, mais mes paroles ne passeront point. » C'est signé Jésus-Christ ! C'est pour vous dire de croire à la Parole de Jésus-Christ et non aux *fables des faux prophètes.* Que l'Eternel lève sa face vers vous et vous accorde son salut !

Printed by Books on Demand GmbH, Norderstedt / Germany